Fourth Edition

Spanish Is Fun

Lively Lessons
for Beginners

Book 1

Heywood Wald, Ph.D.
Former Assistant Principal
Foreign Language Department
Martin Van Buren High School
New York City

AMSCO

AMSCO SCHOOL PUBLICATIONS, INC.
315 Hudson Street, New York, N.Y. 10013

Cover and text design by Delgado and Company, Inc.
Illustrations by: Beehive Illustration: Moreno Chiacchiera, Gemma Hastilow, Paul
    Moran, Aleksandar Sotirovski, Matt Ward; Peter Bull Studio
Text composition by Progressive Information Technologies
Cover and part opener photographs:
    Boy with soccer ball ©iStockphoto.com / Aptyp_koK
    Group of casual happy friends ©iStockphoto.com / Andresr
    Beautiful students studying on the floor ©iStockphoto.com / Andresr
    Four college students walking on white ©iStockphoto.com / Skip ODonnell
    Portrait of teenage girls and boys ©iStockphoto.com / monkeybusinessimages
    Five friends laughing ©iStockphoto.com / jhorrocks
    Hispanic teen in red ©iStockphoto.com / jhorrocks

Please visit our Web site at:

www.amscopub.com

When ordering this book, please specify:
R 614 P *or* SPANISH IS FUN, BOOK 1, 4th Edition, Paperback
or
R 614 H *or* SPANISH IS FUN, BOOK 1, 4th Edition, Hardbound

ISBN: 978-1-56765-815-6
ISBN: 978-1-56765-816-3

Printed in the United States of America

4 5 6 7 8 9 10   14 13 12

Preface

SPANISH IS FUN, BOOK 1 offers an introductory program that makes language acquisition a natural, personalized, enjoyable, and rewarding experience. The book provides all the elements for a one-year course.

The book is designed to help students attain a desirable level of proficiency in four basic skills—speaking, listening, reading, and writing—developed through enjoyable materials in visually focused topical contexts that students can easily relate to their own experiences. Students are asked meaningful questions that require them to speak about their daily lives, express their opinions, and supply real information.

This **FOURTH EDITION,** while retaining the proven organization and successful program of previous editions, has been strengthened in several ways:

- Most exercises are presented in a communicative framework, with greater emphasis on personalized communication and cooperative learning.
- Revised *Cápsula cultural* sections with comprehension and research questions help students learn about different aspects of Hispanic culture and enable them to realize the diversity within their own culture.
- A new reader-friendly layout facilitates navigation through the different sections of the book.
- New and enjoyable illustrations enable students to make direct association between Spanish terms and meaning without turning to English.

SPANISH IS FUN, BOOK 1 consists of six parts, each one containing four lessons followed by a *Repaso,* in which structure is reviewed and practiced through various *Actividades*—games, puzzles, and exercises leading to interactive conversation.

Each lesson includes a step-by-step sequence of elements designed to make the materials immediately accessible as well as give students the feeling that they can have fun learning and practicing their Spanish.

Vocabulary and Cognate Connection

Each lesson begins with topically related sets of illustrations that convey the meanings of new words in Spanish without recourse to English. This device enables students to make a direct and vivid association between the Spanish terms and their meanings.

Since more than half of all English words are derived from Latin, there is an important relationship between Spanish and English vocabulary. Exercises in derivations are designed to improve the student's command of both Spanish and English.

Structures

SPANISH IS FUN, BOOK 1 uses a simple, straightforward, guided presentation of new structural elements. These elements are introduced in small learning components—one at a time—and are directly followed by appropriate *Actividades*, many of them visually cued, personalized, and communicative. Students thus gain a feeling of accomplishment and success by making their own discoveries and formulating their own conclusions.

Conversation

To encourage students to use Spanish for communication and self-expression, each lesson includes a conversation—sometimes practical, sometimes humorous. All conversations are illustrated in cartoon-strip fashion to provide a sense of realism. Conversations are followed by dialog exercises, with students filling empty "balloons" with appropriate bits of dialog. These dialogs serve as springboards for additional personalized conversation.

Reading

Each lesson (after the first) contains a short, entertaining narrative or playlet that features new structural elements and vocabulary and reinforces previously learned grammar and expressions. These passages deal with topics that are related to the everyday experiences of today's student generation. Cognates and near-cognates are used extensively.

Culture

Each lesson is followed by a *Cápsula cultural*. These twenty-four *cápsulas*, most of them illustrated, offer students picturesque views and insights into well-known and lesser-known aspects of Hispanic culture.

Cuaderno

SPANISH IS FUN, BOOK 1 has a companion workbook, CUADERNO DE EJERCICIOS, which features additional writing practice and stimulating puzzles to supplement the textbook exercises.

Teacher's Manual and Key

A separate *Teacher's Manual and Key* provides suggestions for teaching all elements in the book, additional oral practice materials, quizzes and unit tests, two achievement tests, and a complete Key to all exercises, puzzles, quizzes, and unit tests.

H.W.

Contents

Tercera Parte

Sexta Parte

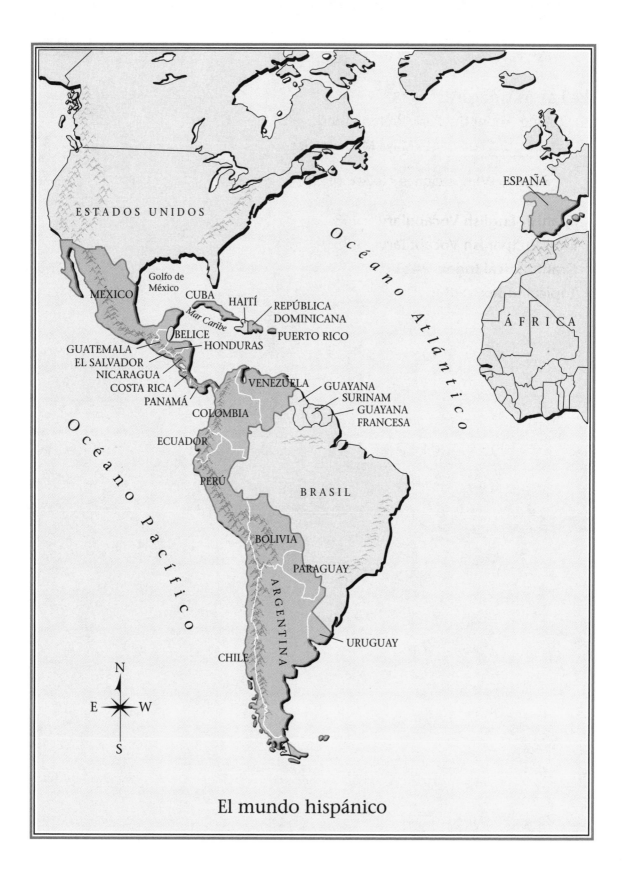

El mundo hispánico

Primera Parte

1

El español y el inglés

Words That Are Similar in Spanish and English; How to Say "The" in Spanish

Y ou'll have a lot of fun learning the Spanish language, and it will probably be easier than you think. Do you know why? Well, there are lots of words that are the same in Spanish and English. They may be pronounced differently, but they are spelled the same way and have exactly the same meaning. Also, there are many Spanish words that have a slightly different spelling (often just one letter) but can be recognized instantly by anyone who speaks English.

Let's look at some of them and pronounce them the Spanish way. Your teacher will show you how.

1

Words that are exactly the same in English and Spanish. Repeat them aloud after your teacher.

adorable	el actor	la banana
artificial	el animal	la base
criminal	el cereal	la plaza
cruel	el color	la radio
horrible	el chocolate	
natural	el doctor	
popular	el hotel	
probable	el mosquito	
sociable	el motor	
terrible	el piano	
tropical		

2

Here are some Spanish words that look almost like English words. Repeat them aloud after your teacher.

delicioso	el accidente	la ambulancia
excelente	el actor	la aspirina
famoso	el calendario	la bicicleta
gigante	el diccionario	la clase
importante	el elefante	la computadora
inteligente	el garaje	la familia
moderno	el plato	la frase
necesario	el profesor	la foto
ordinario	el programa	la gasolina
	el restaurante	la hamburguesa
	el tigre	la medicina
	el tren	la motocicleta
	el vocabulario	la rosa
		la secretaria
		la sopa

3

Some words in Spanish have an accent mark. An accent affects the pronunciation and in some cases the meaning of a word. Here are some Spanish words that have exactly the same or almost the same spelling as English words but also have an accent mark.

el automóvil	el estéreo	tímido
el café	la música	romántico
el león	la opinión	
el menú	la región	
el teléfono	la televisión	

 Here are some Spanish words that are different from English, but you'll probably be able to figure out their meanings. Repeat them aloud after your teacher.

la fiesta

el cine

el teatro

el amigo

la amiga

el estudiante

el parque

el aeropuerto

el avión

el autobús

la estación

la universidad

el banco

el jardín   la lámpara   la flor   el agua

5 Of course, there are many Spanish words that are quite different from the English words that have the same meaning. These words you must memorize. You will probably be able to learn many of them easily by connecting them with some related English word. For example: **libro** (*book*) is related to *library*—a place where there are many books; **pollo** (*chicken*) is related to *poultry*; **médico** (*doctor*) is related to *medical*; **enfermera** (*nurse*) is related to *infirm* (*sick*).

Here are some more words to add to your Spanish vocabulary.

el libro   la pluma   el estéreo

el árbol   la leche   la escuela

el hombre

la mujer

la gorra

la mano

la casa

la muchacha

el muchacho

el perro

la madre

el padre

el gato

6 Well, so much for vocabulary. Now let's learn a little Spanish grammar. Did you notice the words **el** and **la** before all of the nouns? These two words are Spanish words for *the*. That's right, Spanish has two words for *the* in the singular: **el** and **la**. The reason is that all Spanish nouns, unlike English nouns, have GENDER. Nouns are either MASCULINE or FEMININE: **el** is used before masculine nouns, and **la** is used before feminine nouns.

How do we tell which words are masculine and which are feminine? Compare these two groups:

I	II
el muchacho	*la* muchacha
el libro	*la* pluma
el sombrero	*la* casa

In what letter do the words in the first group end? _____. What about the second group? _____. You probably figured out the rule already.

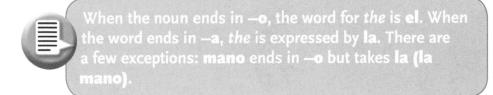

When the noun ends in **–o**, the word for *the* is **el**. When the word ends in **–a**, *the* is expressed by **la**. There are a few exceptions: **mano** ends in **–o** but takes **la** (**la mano**).

Now it's your turn. Add the appropriate article (word for *the*).

_____ escuela   _____ teatro

_____ banco   _____ fiesta

With nouns ending in other letters (**el tigre, la leche**), there is no way of determining whether we use **el** or **la**. That's why we need to learn the article *(the)* as we learn each new word.

Let's see now if you can figure out the meaning of these ten sentences.

1. El hotel es grande.

2. El actor es romántico.

3. El sándwich es delicioso.

4. El avión es rápido.

5. El muchacho es sociable.

6. El menú es excelente.

7. El médico es norteamericano.

8. La actriz es popular.

9. La lección es difícil.

10. El perro es inteligente.

You probably noticed that there is a word that appeared in all the sentences. This word is **es**, which means *is*.

¡Fantástico! Here are ten more:

1. El presidente es famoso.

2. El artista es magnífico.

3. El accidente es terrible.

4. El auto es moderno.

5. El teléfono es necesario.

6. El libro es interesante.

7. El cereal es natural.

8. El amigo es sincero.

9. El programa es tonto.

10. La flor es artificial.

Actividad Ⓐ

Complete each statement with the word that describes the illustration.

el estéreo   la computadora   la lámpara
la bicicleta   la guitarra   el teléfono
el televisor   la foto   el diccionario

1. La_____ es
   importante.

2. El _____ es
   necesario.

3. El _____ es
   moderno.

4. La _____es
   grande.

5. La _____es eléctrica.

6. El_____ es
   magnífico.

7. La_____ es adorable.

8. El _____ es excelente.

9. La _____ es
   atractiva.

Actividad B

Here are some places you could visit today and the transportation you could use. Label the pictures, and make sure to use **el** or **la**.

1. _____

2. _____

3. _____

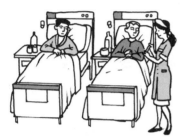

4. _____

5. _____

6. _____

7. _____

8. _____

9. _____

10. _____ 11. _____ 12. _____

 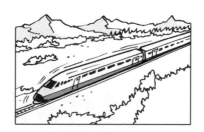

13. _____ 14. _____

Actividad C

Express the Spanish word for *the* before each noun: **el** if the noun is masculine, **la** if the noun is feminine.

1. _____ fiesta

2. _____ animal

3. _____ banana

4. _____ avión

5. _____ amigo

6. _____ fruta

7. _____ gasolina

8. _____ mujer

9. _____ hombre

10. _____ muchacho

11. _____ muchacha

12. _____ profesor

13. _____ programa

14. _____ clase

15. _____ bolígrafo

16. _____ padre

17. _____ madre

18. _____ leche

19. _____ libro

20. _____ flor

Actividad D

Sí o no. Work with a partner. If the statement is true, say **Sí**. If it is false, say **No**. (Watch out—there are differences of opinion!).

1. El café es terrible. _____
2. El elefante es inteligente. _____
3. El perro es adorable. _____
4. El auto es rápido. _____
5. El criminal es tonto. _____
6. El cereal es delicioso. _____
7. La clase es excelente. _____
8. La televisión es popular. _____

Actividad E

Give your opinion by completing each sentence with one or more of the adjectives listed at the right.

EXAMPLE: **El hotel es <u>popular</u>.**

1. El aeropuerto es _____.
2. El presidente es _____.
3. El automóvil es _____.
4. El sándwich es _____.
5. El mosquito es _____.
6. El avión es _____.
7. El chocolate es _____.
8. El garaje es _____.
9. El cine es _____.
10. El jardín es _____.

terrible
rápido
horrible
moderno
delicioso
romántico
necesario
popular
interesante
importante
excelente
horrible
grande

Actividad F

Complete each sentence with a suitable noun.

1. La _____ es grande.
2. El _____ es horrible.
3. La _____ es importante.
4. El _____ es rápido.
5. La _____ es inteligente.

6. La _____ es excelente.
7. El _____ es necesario.
8. La _____ es artificial.
9. El _____ es moderno.
10. El _____ es delicioso.

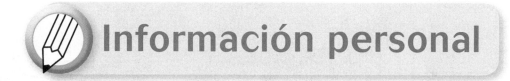

Información personal

Using the adjectives from the list below, write sentences that describe yourself. Taking turns with a partner, talk about your personality traits. Take notes on what your partner tells you and share his/her information with your class.

adorable	grande	interesante	popular
cruel	importante	moderno	sentimental
estudioso	inteligente	natural	sociable

(Yo) soy/no soy ... (*I am/am not . . .*)

_____

_____

_____

_____

(Oliver/Jennifer) es/no es ... (*Oliver/Jennifer is/isn't . . .*)

_____

_____

_____

_____

7 Now that you've learned some vocabulary, let's learn some greetings and common expressions. Here are some pictures of people talking to each other. Can you figure out what they're saying?

–Hola, Josefina.
–Buenos días, Manuel.

–Buenas tardes, Felipe.
–¿Qué tal, Juan?

–¿Cómo estás, José?
–Muy bien, Pedro. ¿Y tú?

–Adiós, Agustina.
–Hasta luego, Jimena.

–¿Cómo te llamas?
–Me llamo Mario.

–¿Cómo se llama el muchacho?
–Se llama Francisco.

–Buenas noches, señor.
–Hotel Palacio, por favor.

–Muchas gracias.
–De nada.

–Me llamo Pablo.
–Mucho gusto.

Para conversar  en clase

Work with a partner. People are talking to you. What would you say to them? There may be more than one answer in some cases.

Cápsula cultural

¿Habla usted castellano?

Many people believe that Spain is a country where one language, **el español**, is spoken. It is true that the official national language of Spain is **el español**, or **castellano**. By the eleventh century, the region of Castilla had become the most powerful of the Spanish kingdoms, and its language, **el castellano**, became the official language of the country.

There are, however, regions in Spain that have retained their own languages and cultures. In **Cataluña**, in the northeast corner of Spain bordering France, and in the Balearic Islands of the Mediterranean, **catalán**, a language with strong French connections, is spoken by over seven million people.

In **Galicia**, in the northwest of the Iberian Peninsula, another three million people speak **gallego**, which is related to Portuguese. The language of the Basque provinces bordering the Pyrenees Mountains is **vasco** (or **euskera**), an ancient language unrelated to any other on earth, and Europe's oldest living language.

The peoples of these regions of Spain use their own languages as well as the official **castellano**.

Here are some examples of common expressions in the four official languages of Spain.

	castellano	catalán	gallego	vasco
Good night	Buenas noches	Bona nit	Boas noites	Gau on
Thank you very much	Muchas gracias	Moltes gracies	Moitas gracias	Ezkerrik asko
It's cold	Hace frío	Fa fred	Fai frío	Hotz da

Comprensión

1. The national language of Spain is _____.

2. Cataluña is a part of Spain bordering on _____.

3. The language of Galicia is _____.

4. _____ is an ancient language unrelated to any other on earth.

5. **Fa fred** is _____ for **hace frío.**

Investigación

Using the Internet, answer the following questions: What are the Romance languages? How are castellano, catalán, and gallego related? Find and compare words and expressions in the different languages.

VOCABULARIO

el aeropuerto *airport*
el amigo *friend*
el árbol *tree*
el autobús *bus*
el avión *airplane*
el banco *bank*
la casa *house*
el cine *movie theater*
la computadora *computer*
difícil *difficult*
la escuela *school*
la estación *station*

el estudiante *student*
fácil *easy*
la fiesta *party*
la flor *flower*
el gato *cat*
la gorra *cap*
el hombre *man*
el jardín *garden*
el libro *book*
la lámpara *lamp*
la leche *milk*

la madre *mother*
la mano *hand*
el muchacho *boy*
la mujer *woman*
el padre *father*
el parque *park*
el perro *dog*
la pluma *pen*
el teatro *theater*
la universidad
    university

Adiós. *Good bye.*
Buenas noches. *Good night.*
Buenas tardes. *Good afternoon.*
Buenos días. *Good morning.*
¿Cómo te llamas? *What's your name?*
¿Cómo se llama? *What's his/her name?*
De nada. *You're welcome.*
Hasta la vista. *See you later.*
Hasta luego. *I'll see you later.*
Hasta mañana. *See you tomorrow.*

Hola. *Hello.*
Me llamo ... *My name is . . .*
Mucho gusto. *It's a pleasure, Nice to meet you*
Muchas gracias. *Thank you very much.*
Muy bien. *Very well.*
Por favor. *Please.*
¿Qué tal? *Hi!, How are you doing?*
Se llama ... *His/her name is . . .*
¿Y tú? *And you?*

2

La familia

1 Vocabulario

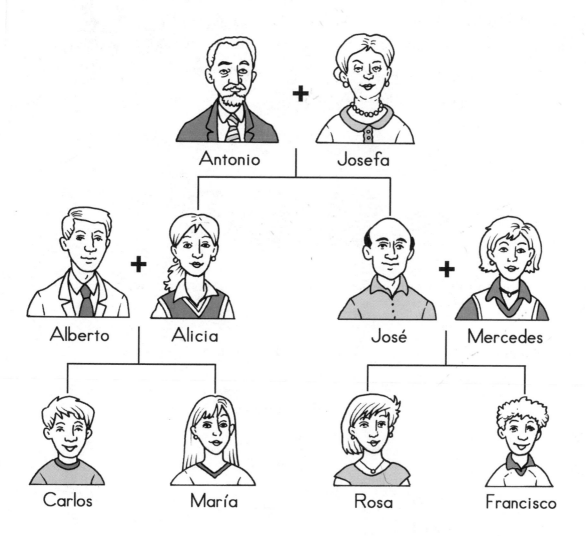

Antonio + Josefa

Alberto + Alicia

José + Mercedes

Carlos   María   Rosa   Francisco

Here we have a big happy family. It's obvious from the family tree who all the members are. Let's take a closer look:

La familia de Antonio y Josefa

Antonio y Josefa son **los padres** de Alicia y José, y **los abuelos** de Carlos, María, Rosa y Francisco. Carlos y María son **hermanos**. Son **los hijos** de Alberto y Alicia: sus **padres**. Rosa y Francisco son hermanos también, pero de otros **padres**. José y Mercedes son **los padres** de Rosa y Francisco, y **los tíos** de Carlos y María. Carlos y María son los primos de Rosa y Francisco. La familia tiene dos animales: Terror, el perro y Tigre, el gato. Terror y Tigre no son **hermanos**; son amigos. Complicado, ¿verdad? Así es la vida.

son *are*

y *and*

sus *their*

también *also*
otros *other*

tiene *has*
¿Verdad? *Isn't that so (true)?*
Así es la vida. *That's life.*

Actividad A

Following the family tree of the Garcías, complete each sentence with the correct words.

1. Alicia es la _____ de Carlos y María.

2. Los hijos de José se llaman _____ y _____.

3. Carlos es el _____ de Francisco.

4. Carlos y Francisco son _____.

5. Antonio es el _____ de Alicia.

6. Tigre y Terror son dos _____.

7. Antonio y Josefa son los _____.

8. José es el _____ de Carlos y María.

9. Rosa es la _____ de María.

10. Francisco y Rosa son _____ .

Work with a partner. Take turns reading each statement aloud. If the statement is true, say **cierto**. If it is false, say **falso** and correct the information.

1. El perro y el gato son animales.

_____

2. El abuelo es el hijo de Alicia.

_____

3. Carlos y María son primos.

_____

4. Francisco y María son hermanos.

_____

5. María es la tía de Rosa.

_____

6. Francisco es el hijo de José.

_____

7. Terror es el padre de la familia.

_____

8. Josefa y Antonio son los abuelos.

_____

9. Carlos y María son los padres de Alberto.

_____

10. El padre de mi madre es mi tío.

_____

Identify the members of the García family. Complete the sentences with the words below, matching them with the pictures.

abuela   **familia**   **padres**   **primas**
tío   **hijos**   **perro**   **gato**
hermanos

1. Alberto y Alicia son los _____ de Carlos y María.

2. La _____ tiene 10 miembros.

3. El _____ y el _____ son los animales.

4. Carlos y María son _____.

5. Josefa es la _____.

6. María y Rosa son _____.

7. Francisco es el _____ de José.

8. Alberto es el _____ de Francisco.

There are many people in the García family. When we speak about more than one person or thing, we must use the PLURAL. How do we change nouns from the singular to the plural in Spanish? Let's see if you can figure out the easy rules. Look carefully:

I	II
el gato	*los* gatos
el perro	*los* perros
la madre	*las* madres
la tía	*las* tías

Following the pattern you just saw, make the following plural:

el padre _____   la prima _____

el tío _____   la hija _____

Now compare the two groups of nouns. What letter did we add to the nouns in the second column? If you wrote the letter **s**, you are correct. Here's the first rule:

 In Spanish if a noun ends in a vowel (*a, e, i, o, u*), just add the letter **s** to the singular form of the noun to make it plural.

 Here are two more groups of nouns:

I	II
el animal	*los* animales
el color	*los* colores
la flor	*las* flores
la lección	*las* lecciones

Following the pattern above, make the following nouns plural:

el hotel _____   la universidad _____

la mujer _____   el actor   _____

Do the nouns in Group I end in a vowel? _____ What letters did we add to make them plural? _____ Here's the second rule:

 In Spanish, if a noun ends in a consonant (for example, *l, n, r*), add the letters **es** to the singular form of the noun to make it plural.

NOTE: **a.** When a singular noun ends in **z**, the **z** changes to **c** in the plural: **la actriz, las actrices**.

   b. When a singular noun ends in a syllable with an accent mark, the accent mark is dropped in the plural: **la lección, las lecciones**.

4   That's all there is to it for the nouns. Did you observe the plural forms for the words that mean *the*? Examine Groups I and II again. In both groups, note the words that mean *the*. Here is the complete rule:

> The plural form of **el** is **los**.
>
> The plural form of **la** is **las**.
>
> **Los** and **las** mean *the*.

Remember, there are four words for *the* in Spanish: **el, la, los, las.** When do you use **el? la? los? las?** Give an example of each with a noun.

5   One more thing. What happens when you have a "mixture" of masculine and feminine? Do you use **los** or **las?** The rule is: Always use the masculine (**los**) form.

 **+**  **=**

el padre   **la madre**   **los padres**
el papá   **la mamá**   (*the fathers* or *the parents*)

 **+**  **=**

el hijo   **la hija**   **los hijos**
(*the sons* or *sons and daughters*, or *the children*)

el hermano	la hermana	los hermanos
		(the brothers or the brothers and sisters)

el abuelo   la abuela   los abuelos
(the grandfathers or the grandparents)

Actividad D

Here are some things you are familiar with. Give the correct Spanish word for *the* before each noun.

1. _____ hamburguesa
2. _____ discos compactos
3. _____ música
4. _____ fiestas
5. _____ frutas
6. _____ profesora

7. _____ cine
8. _____ rosa
9. _____ tacos
10. _____ automóviles
11. _____ amigos
12. _____ chocolate

13. _____ bicicleta
14. _____ restaurante
15. _____ aviones
16. _____ perros
17. _____ lecciones
18. _____ parques

Actividad E

Here is a list of common words. Give the plural form of these items using the correct form of *the*.

1. la foto   _____

2. el diccionario   _____

3. el libro   _____

4. la pluma   _____

5. la camiseta   _____

6. el plato   _____

7. la hamburguesa   _____

8. la bicicleta   _____

9. el disco compacto   _____

10. la medicina   _____

11. la flor   _____

12. el chocolate   _____

13. la banana   _____

14. el cereal   _____

15. el estéreo   _____

16. la gorra   _____

17. la aspirina   _____

18. la computadora   _____

19. la lámpara   _____

20. la fruta   _____

Pronunciación

The chart below will teach you how to pronounce Spanish vowels.

Letter	Pronunciation	English examples of sound	Spanish example
a	ah	y<u>a</u>cht, h<u>o</u>t	nacho, taco, mamá, papá

La casa de Carlos está en Santa Bárbara.

Letter	Pronunciation	English examples of sound	Spanish example
e	eh	r<u>e</u>nt, s<u>e</u>nd	mesa, peso, excelente

¿Ve usted el perro del presidente?

Letter	Pronunciation	English examples of sound	Spanish example
i	ee	mach<u>i</u>ne, tr<u>i</u>o	sí, rico, chico, cine

Mi tía Cristina vive en Lima.

Letter	Pronunciation	English examples of sound	Spanish example
o	oh	c<u>o</u>ld, <u>o</u>bey	loco, foto, zorro

Tengo sólo ocho fotos de Bogotá.

Letter	Pronunciation	English examples of sound	Spanish example
u	oo	m<u>oo</u>n, J<u>u</u>ne	mucho, futuro, puro

Tú y Lupe saben mucho del Perú.

CONVERSACIÓN

Vocabulario

Hasta la vista. *See you later.*
Hasta mañana. *See you tomorrow.*

DIÁLOGO

Create your own dialog by filling in the missing spaces with words you've learned.

Información personal

Your school newspaper is preparing an article about the students and their families. Fill in the following information. (You can make up any answers you want.)

1. Me llamo _____.

2. Mi (*my*) madre se llama _____.

3. Mi padre se llama _____.

4. Mi(s) hermana(s) se llama(n) _____.

5. Mi(s) abuelo(s) se llama(n) _____.

6. Mi(s) tío(s) se llama(n) _____.

7. Mi(s) primo(s) se llama(n) _____.

8. Mi perro se llama _____.

9. Mi gato se llama _____.

10. Mi(s) hermano(s) se llama(n) _____.

¡Practícalo!

Bring pictures of the members of your family to the class. Write down who they are and their names. Be ready to show your pictures and share the information with the rest of the class.

EXAMPLE: **Mi hermano se llama David.**

 Cápsula cultural

It's Mr., Mrs., and Miss, right?

Well, in Spanish it's a little more complicated than that. But let's see how it works. First, the simple part:

Mr. = señor, Mrs. = señora, Miss = señorita

These three words can be used alone to attract attention:

¡Señor!   ¡Señora!   ¡Señorita!

These titles are used, as in English, before last or family names. For example:

(el) señor Rodríguez   (la) señora Ortiz   (la) señorita Vidal

However, in Spanish they can also be used before professional titles such as Lawyer, Teacher, Doctor, etc. We would get combinations such as: **señor doctor**, **señora presidenta**, etc.

In addition, there are two more ways to show respect for the elderly and respected members of the community. They are **don** and **doña**. They are either used with the first name—don Carlos, doña Rosa—or in front of the whole name—don Carlos Montoya, doña Rosa López.

All of these titles may be abbreviated (abbreviations are always capitalized).

señor – Sr.   señora – Sra.   señorita – Srta.

don – D.   doña – Dña.

And finally, when addressing a letter, a combination of titles may be used: Sr. D. Pedro Mendoza, Sra. Dña. María García.

Comprensión

1. If you wanted to attract a young lady's attention, you would say

   _____.

2. The titles **señor, señora, señorita** are used before _____ names or

   _____.

3. To show respect for an elderly member of the community, the titles

   _____ and _____ are used with the first name.

4. **Sr., Srta.,** and **Sra.** are abbreviations of _____,

   _____, and _____.

Investigación

Compare titles of courtesy and respect in Spanish with similar ones in English.
Give examples.

VOCABULARIO

la abuela *grandmother*
el abuelo *grandfather*
la familia *family*
hermano(a) *brother, sister*
los hermanos *brothers and sisters*
hijo(a) *child (son, daughter)*
la madre *mother*

la mamá *mom*
el padre *father*
los padres *parents*
el papá *dad*
primo(a) *cousin*
tío(a) *uncle, aunt*

La clase y la escuela

Indefinite Articles

1 Vocabulario

el profesor
el maestro

la profesora
la maestra

el alumno
el estudiante

la alumna
la estudiante

el papel

la nota

el lápiz

el mapa

el cuaderno

la regla

la pizarra

la ventana

el diccionario

la puerta

el reloj

el escritorio

la silla

la pluma
el bolígrafo

la mochila

Actividad A

It's your first day in school. Using the following words, identify what you see in the classroom.

1. la maestra _____
2. la ventana _____
3. el escritorio _____
4. el lápiz _____

5. el reloj _____
6. el papel _____
7. la pizarra _____
8. la silla _____

9. el alumno _____
10. la puerta _____
11. el mapa _____
12. la mochila _____

Look at the chart below and practice the pronunciation of the letter **c**. Notice that this letter may be pronounced in two different ways.

Letter	Pronunciation	English examples of sound	Spanish examples
c (before a, o, u, or consonant)	k	<u>c</u>at, <u>c</u>old	casa, corto, crema, Cuba

El clima en el Caribe es caliente.

Letter	Pronunciation	English examples of sound	Spanish examples
c (before e, i)	s	<u>ci</u>ty, <u>c</u>ent	centavo, cinco, cine

Necesito cinco centavos para participar en la celebración.

Now that you know many new words, read the following story and see if you can understand it.

La clase de español

Hay un grupo de alumnos en la clase de español. Los alumnos hablan de su profesor: el señor Manuel Carvajal.

ANA: El profesor es **una** persona muy inteligente.

FRANCISCO: Sí, él sabe mucho.

LAURA: Es verdad. Él habla inglés y español perfectamente.

JUAN: Sí, pero no es muy simpático.

ISABEL: ¿Por qué? En mi opinión, es **un** hombre muy amable.

ROSARIO: ¡No! Es muy estricto y no le gusta la clase.

JORGE: Sí. Él cree que no somos inteligentes.

(El profesor Carvajal entra en la clase).

TODOS LOS ALUMNOS DICEN: Buenos días, señor profesor.

EL PROFESOR: Buenos días, alumnos. ¿Cómo está mi clase favorita?

hay *there is, there are*
su *their*

muy *very*
él sabe *he knows*
perfectamente *perfectly*
simpático *nice*
amable *friendly*
no le gusta *he doesn't like*
él cree *he thinks*
somos *we are*
todos los ... *all the ...*
dicen *they say*

Actividad **B**

With a partner, take turns at reading each statement aloud. If the statement is true according to the story, say **cierto**. If it is false, say **falso** and correct the information.

1. Los alumnos están en la clase de inglés.

_____

2. El profesor de español se llama Luis López.

_____

3. Ana cree que el profesor es muy inteligente.

_____

4. El profesor Carvajal habla dos lenguas.

_____

5. Juan cree que el profesor es muy simpático.

_____

6. Isabel cree que el profesor no es muy amable.

_____

7. Rosario cree que el profesor es muy estricto.

_____

8. El profesor no tiene una buena opinión de la clase.

_____

Complete each statement about the story **La clase de español.**

1. Los alumnos hablan de _____ _____.

2. Francisco cree que el maestro _____ _____.

3. El profesor habla _____ y _____ perfectamente.

4. Juan cree que el señor Carvajal no es muy _____.

5. Según la opinión de Rosario, el profesor es muy _____

y no _____ _____ la clase.

6. Cuando entra el profesor en la clase los alumnos dicen _____.

7. El profesor cree que la clase de español es su clase _____.

2 Look at the story again. There are two new little words that appear in **bold face**. What are these two new words? _____ and _____.

Can you figure out when to use **un** and when to use **una**? Look carefully:

I	II
el **profesor**	*un* **profesor**
el **cuaderno**	*un* **cuaderno**

Following the pattern above, substitute the indefinite article (**un, una**) for the definite article (**el, la**).

el diccionario _____

el escritorio _____

Let's start by comparing the two groups of nouns. Are the nouns in Group I singular or plural? _____ How do you know? _____ Are the nouns in Group I masculine or feminine? _____ How do you know? _____ What does **el** mean? _____ Now look at Group II. Which word has replaced **el**? _____ What does **un** mean? _____

3   Now look at these examples:

I	II
la **mochila**	*una* **mochila**
la **silla**	*una* **silla**

Following the pattern above, substitute the indefinite article for the definite article.

la clase _____

la puerta _____

Are the nouns in Group I singular or plural? _____ How do you know? _____ Are the nouns in Group I masculine or feminine? _____ How do you know? _____ What does **la** mean? _____ Now look at Group II. Which word has replaced **la**? _____ What does **una** mean? _____

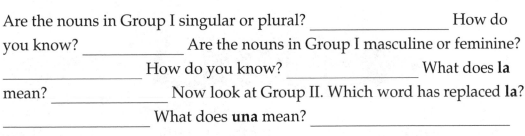

In Spanish, **un** and **una** are the words for *a* and *an*.
Un is used before a masculine noun to express *a* or *an*.
Una is used before a feminine noun to express *a* or *an*.

Actividad D

Here's a list of people and things you can find in a classroom. Give the correct Spanish word for *a* or *an*.

1. _____ ventana

2. _____ profesor

3. _____ diccionario

4. _____ reloj

5. _____ papel

6. _____ puerta

7. _____ alumno

8. _____ pluma

9. _____ mapa

10. _____ regla

11. _____ cuaderno

12. _____ silla

13. _____ lápiz

14. _____ alumna

15. _____ escritorio

Actividad E

Here are some trades or professions you know. Substitute **un** or **una** for **el** and **la**.

1. el actor _____

2. la secretaria _____

3. la actriz _____

4. la profesora _____

5. el doctor _____

6. el presidente _____

7. el profesor _____

8. la estudiante _____

9. el piloto _____

10. la artista _____

Actividad F

With a partner, take turns at identifying all the things you see while walking down a street.

EXAMPLE: **Es un hombre.**

1. automóvil

2. bicicleta

3. perro

_____   _____   _____

4. puerta

_____

8. mujer

_____

12. banco

_____

5. gato

_____

9. parque

_____

13. garaje

_____

6. casa

_____

10. estación del metro

_____

14. teatro

_____

7. flor

_____

11. animal

_____

15. motocicleta

_____

 **4**   What do you notice about these two sentences?

Caterina es secretaria.

Alejandro es carpintero.

 We do *not* use **un** or **una** with an occupation or profession.

But:

Caterina es *una* secretaria excelente.

Alejandro es *un* carpintero profesional.

 The indefinite article **un** or **una** is used when the occupation or profession is accompanied by an adjective:

Su padre es abogado.

Su padre es **un** abogado famoso.

Actividad G

Complete the sentences with the indefinite article (**un, una**) where needed.

1. El señor López es _____ profesor.

2. La hermana de Pedro es _____ actriz bonita.

3. Su padre es _____ médico importante.

4. La madre de Ana _____ policía.

5. El senador es _____ político internacional.

6. Ramiro es _____ estudiante.

7. La tía de Josefina es _____ artista famosa.

8. Brad Pitt es _____ actor.

Actividad H

Vocabulary Mix-up. With a partner, underline the word that does not belong in each group (according to its meaning). Then, provide a word that logically belongs.

1. una puerta, una ventana, una profesora, una silla

2. el lápiz, la pluma, el cuaderno, el café

3. inteligente, sociable, interesante, delicioso

4. el abuelo, la tía, la rosa, el hijo

5. la mujer, la banana, la leche, la fruta

6. un tren, una bicicleta, un avión, un jardín

7. el parque, la escuela, la universidad, la clase

8. un hospital, una ambulancia, una medicina, un autobús

9. un perro, un banco, un gato, un tigre

10. el chocolate, el cereal, el pollo, el árbol

CONVERSACIÓN

Vocabulario

estupendo *great, fine*
No importa. *It doesn't matter.*
eres *you are*
difícil *difficult*

fácil *easy*
¡Claro! *Of course!*
Buena suerte. *Good luck.*

DIÁLOGO

Complete the dialog with suitable expressions.

Información personal

With a partner, name at least eight items in Spanish that you keep in your locker at school/or in your desk at home. Use **un, una, unos, unas** and add the verb **hay** (*there is, there are*).

EXAMPLE: **Hay una foto.**

_____

_____

_____

_____

_____

_____

_____

_____

_____

_____

_____

_____

Cápsula cultural

La educación

Some Spanish words look just like English words but do not have the same meaning. Such words are known as **"falsos amigos"** *(false friends)* because they are so misleading. In Spain and Colombia, for example, **educación** does not mean *education,* but *good manners.* A person who has **mucha educación** is considerate, courteous, and knows how to behave properly. A person who is **maleducado** is coarse and rude. To express the meaning of "educated," you would say that a person **tiene muchos estudios**.

Another misleading term for speakers of English is **colegio**. It does *not* mean college. That word is **universidad**. A **colegio** is more or less equivalent to our high school. It is an academic institution that prepares a student to enter a university. Upon graduation the student receives a **bachillerato**.

While we're talking about education, you should know that a report card is **un informe escolar**; a mark or grade is **una nota**; and to get good grades is **sacar buenas notas**. In many Spanish-speaking countries, the 10-point marking system is used—10 being the highest, 1 the lowest, and 5 the passing grade. If you see a report card with lots of 9s and 10s, that student is doing work that is **sobresaliente** *(outstanding)*. If a student receives a final grade of less than 5, the comment **suspenso** or **no aprobado** *(failed)* would appear on the report card.

Comprensión

1. In some Spanish-speaking countries the word **educación** means

   _____ .

2. A person who is rude would be called _____ .

3. The word for college in Spanish is _____ .

4. The equivalent of our high school is _____ .

5. **Sobresaliente** indicates _____ .

Investigación

1. With a partner, make up a report card in Spanish. Indicate the various subjects and marks given. Add **comentarios** such as **Trabaja bien**, **Necesita estudiar más**, and so on.

2. Using the Internet, explore the school systems of various Spanish-speaking countries and compare them with ours. What are some similarities and differences?

3. What is a **"bachillerato"** and when does a student receive one?

VOCABULARIO

la alumna *student* (f.)
el alumno *student* (m.)
el bolígrafo *pen*
el cuaderno *notebook*
el diccionario *dictionary*
el escritorio *desk*
la estudiante *student* (f.)
el estudiante *student* (m.)
el lápiz *pencil*
la maestra *teacher* (f.)
el maestro *teacher* (m.)
el mapa *map*
la mochila *backpack*

hay *there is, there are*
fácil *easy*
muchos(as) *many*
otro(a) *other*
tiene *has*

la nota *grade*
el papel *paper*
la pared *wall*
la pizarra *blackboard*
la pluma *pen*
la profesora *teacher* (f.)
el profesor *teacher* (m.)
la puerta *door*
la regla *ruler*
la silla *chair*
el reloj *clock*
la ventana *window*

¡Buena suerte! *Good luck!*
¡Claro! *Of course!*
estupendo *great, fine*
No importa. *It doesn't matter.*

4

Las actividades

How to Express Actions: Present Tense of -AR Verbs; How to Ask Questions and Say No in Spanish

1 Vocabulario

comprar un libro

desear un helado

escuchar música

estudiar la lección

hablar por teléfono

mirar la televisión　　　**practicar tenis (deportes)**　　　**tomar un chocolate**

trabajar en casa　　　**visitar a los abuelos**

Actividad A

Match the verb with a noun that could be used with it and write your answer in the space provided.

EXAMPLE:　**mirar la televisión**

1. mirar　　＿＿＿＿＿＿＿＿＿　　　en un supermercado

2. comprar　＿＿＿＿＿＿＿＿＿　　　un disco compacto

3. escuchar　＿＿＿＿＿＿＿＿＿　　　la lección

4. practicar　＿＿＿＿＿＿＿＿＿　　　un automóvil

5. visitar　　＿＿＿＿＿＿＿＿＿　　　el tren

6. estudiar　＿＿＿＿＿＿＿＿＿　　　una gorra

7. desear　　＿＿＿＿＿＿＿＿＿　　　el piano

8. tomar　　＿＿＿＿＿＿＿＿＿　　　un museo

9. hablar　　＿＿＿＿＿＿＿＿＿　　　la televisión

10. trabajar　＿＿＿＿＿＿＿＿＿　　　español

2 Many people will be involved in the conversation later in this lesson. Who are they?

yo *(I)*

tú *(you)*

él *(he)*

ella *(she)*

usted *(you)*

ustedes *(you)*

nosotros
(*we* [boys])

nosotros
(*we* [boys and girls])

nosotras
(*we* [girls])

ellos
(*they* [boys])

ellos (*they* [boys and girls])

ellas (*they* [girls])

These words are called subject pronouns. Subject pronouns refer to the persons or things doing the action. Did you notice that **tú**, **usted**, and **ustedes** all mean you?

tú	is used when you are speaking to a close relative, a friend, or a child—someone with whom you are familiar.
usted	is used when you are speaking to a stranger or a grown-up—a person with whom you are or should be formal.
ustedes	is used when you are speaking to two or more persons, whether familiarly or formally.

Actividad B

Give the subject pronoun you would use if you were speaking to the following people. Would you use **tú**, **usted**, or **ustedes**?

1. el médico _____

2. los profesores _____

3. un hermano _____

4. el presidente _____

5. una amiga _____

6. los padres _____

7. el señor Rosas _____

8. un bebé _____

3 Which pronoun would you use if you wanted to speak about **Carlos** without using his name? Which pronoun would you use if you wanted to speak about **María** without using her name?

Which pronoun would replace **Carlos y Pablo**? _____ **María y Ana**? _____ **María y Pablo**? _____

Él and **ella** may also mean *it*. Which one would you use to replace **el libro**? _____ **la regla**? _____

Ellos and **ellas** mean *they*. Which one would you use to replace **los perros**? _____ **las casas**? _____ **los alumnos y las alumnas**?

_____

Give the pronoun you could use to substitute for each name or noun.

EXAMPLE: Pedro es inteligente.   <u>Él</u> **es inteligente.**

1. El señor y la señora García son profesores.   _____ son profesores.

2. Los animales son adorables.   _____ son adorables.

3. Juana y Josefa son estudiantes.   _____ son estudiantes.

4. Ana es actriz.   _____ es actriz.

5. El actor es famoso.   _____ es famoso.

6. Mis amigos son simpáticos.   _____ son simpáticos.

7. Tu perro se llama Galán.   _____ se llama Galán.

8. Gabriela y yo practicamos tenis.   _____ practicamos tenis.

9. Tú y yo hablamos español.   _____ hablamos español.

With a partner, take turns naming various subject pronouns. Point to people and things in the classroom that represent the pronoun you hear.

Letter	Pronunciation	English examples of sound	Spanish examples
g (before a, o, u, or consonant)	g	g̲ap, g̲o, g̲um	g̲ato, G̲oya, g̲usto, g̲racias

Gabriel es un gato grande y gordo.

Letter	Pronunciation	English example of sound	Spanish examples
g (before e, i)	h	<u>h</u>ot	general, gimnasio, Gerardo

Gerardo y Gerónimo son gemelos.

Additionally, the letter **g** is always pronounced as *g* (*gum, gap*) in **gue, gui (guerra, guitarra)**.

Letter	Pronunciation	English example of sound	Spanish examples
j	h	<u>h</u>ot	José, Juan, frijoles

Julio trabaja en San José.

Now you are ready to read this conversation between four students preparing for a party.

MÓNICA Y ROSA: Hay una fiesta en la escuela. ¿Qué **preparas tú**?   **qué** *what*

ENRIQUE: **Yo preparo** la limonada. ¿Qué **preparan ustedes**?

MÓNICA Y ROSA: **Nosotras preparamos** los sándwiches. ¿Qué **prepara la profesora** de español? ¿Y qué **preparan** los otros **profesores**?

ENRIQUE: **Ella prepara** una torta y **ellos preparan** otros postres. ¿Qué **preparas** tú, Carlos?   **la torta** *cake*   **el postre** *dessert*

CARLOS: **Yo preparo** mi apetito.

Preparar is a verb, an **-ar** verb. All the verbs in this lesson belong to the **-ar** family because their infinitives (their basic forms) end in **-ar** and because they all follow the same rules of CONJUGATION.

CONJUGATION, what's that? CONJUGATION refers to changing the ending of the verb so that the verb agrees with the subject. We do the same in English without even thinking about it. For example, we say *I prepare* but *he prepares*. Look carefully at the forms of the verb **preparar** in bold type in the story and see if you can answer these questions:

To conjugate the verb (to make the subject and verb agree), which letters are dropped from the infinitive **preparar**? _____

Which endings are added to this stem for the following subject pronouns?

yo prepar_____   nosotros } prepar _____
                            nosotras

tú prepar _____   ustedes   prepar _____

él } prepar _____   ellos } prepar _____
ella   ellas

Let's see how it works. Take the verb **hablar** (*to speak*). If you want to say *I speak*, take **yo**, then remove the **-ar** from **hablar**, and add the ending **-o**:

habla~~r~~
yo hablo   *I speak, I am speaking*

Do the same for all the other subjects:

tú habl*as*   *you speak, you are speaking* (familiar singular)
usted habl*a*   *you speak, you are speaking* (formal singular)
él habl*a*   *he speaks, he is speaking*
ella habl*a*   *she speaks, she is speaking*
nosotros habl*amos*
nosotras habl*amos*   *we speak, we are speaking*
ustedes habl*an*   *you speak, you are speaking* (plural)
ellos habl*an*
ellas habl*an*   *they speak, they are speaking*

Note that there are two possible meanings for each verb form: **yo hablo** may mean *I speak* or *I am speaking;* **tú hablas** may mean *you speak* or *you are speaking;* and so on.

Now you do one. Take the verb **pasar** (*to pass*). Remove the **-ar**, look at the subjects, and add the correct endings.

yo pas   _____   ella pas   _____

tú pas   _____   nosotros pas _____

usted pas _____   ustedes pas _____

él pas   _____   ellos pas   _____

6 An important point about the use of subject pronouns: In Spanish, the subject pronoun is often omitted if the meaning is clear. For example, you can say either **yo hablo español** or simply **hablo español**. The **yo** isn't really necessary except for emphasis, since the **-o** ending in **hablo** occurs only with the **yo** form. Another example: You can say either **nosotros trabajamos** or simply **trabajamos**, since the verb form that ends in **-amos** cannot be used with any other subject pronoun.

In fact, any subject pronoun may be omitted if it's not needed for clarity or emphasis.

—**¿Dónde está Carmen?**   *Where is Carmen?*

—**Está en el supermercado.**   *She is in the supermarket.*

—**¿Qué compra?**   *What is she buying?*

—**Compra leche.**   *She is buying milk.*

In the lessons that follow, we will sometimes omit the subject pronoun.

Your new key pal wants to know what you do in your Spanish class. Use the **yo** person.

EXAMPLE: mirar la pizarra   **(Yo) miro la pizarra.**

1. escuchar al profesor   _____

2. practicar el vocabulario   _____

3. estudiar los verbos   _____

4. hablar en español   _____

Your friends are telling you what they do on weekends. Use the **nosotros(-as)** person.

EXAMPLE: mirar la televisión   **(Nosotros) miramos la televisión.**

1. escuchar música   _____

2. trabajar en casa   _____

3. visitar a los abuelos   _____

4. comprar discos compactos   _____

The school counselor asks you how your parents spend time at home. Use the **ellos** person.

EXAMPLE: mirar la televisión   **(Ellos) miran la televisión.**

1. trabajar en casa   _____

2. comprar comida   _____

3. visitar a los amigos   _____

4. hablar por teléfono   _____

Actividad (H)

Tell what the members of the Gómez family are doing.

EXAMPLE: Jorge / usar la computadora   **Jorge usa la computadora.**

1. María y José / hablar por teléfono

_____

2. El padre / comprar el periódico

_____

3. La madre / trabajar en el jardín

_____

4. Los tíos / tomar una limonada

_____

5. El bebé / desear leche

_____

6. Los abuelos / mirar un programa de televisión

_____

7 Here are some more activities:

bailar

buscar el diccionario

caminar en el parque

cantar en la fiesta

contestar la pregunta

entrar en la clase

llegar a casa

preguntar la dirección

usar la computadora

Here are ten Spanish "action words." Tell who "is doing the action" by giving every pronoun that can be used with the verb.

EXAMPLE: __usted, él, ella__ habla en español

1. _____ contesto la pregunta
2. _____ llegas a casa
3. _____ cantan en la fiesta
4. _____ caminamos en el parque
5. _____ entro en el banco

6. _____ buscan el libro
7. _____ trabaja en casa
8. _____ usan la computadora
9. _____ pregunto la dirección
10. _____ bailas el rock

Give the form of the verb that is used with each subject.

EXAMPLE: hablar: **(yo) hablo**

1. estudiar: yo   _____
2. mirar: tú   _____
3. contestar: él   _____
4. preguntar: ella   _____
5. caminar: usted   _____
6. cantar: nosotras   _____
7. practicar: ustedes _____
8. llegar: ellos   _____
9. entrar: Alberto y yo _____
10. bailar: María y Pedro _____

Match the descriptions with the correct pictures.

Luis usa la computadora.
Ellas preparan la comida.
Los muchachos estudian español.
Él mira el mapa.
Nosotros bailamos en la fiesta.
El alumno busca un libro.

Ellos caminan en el parque.
Usted compra una bicicleta.
Ustedes entran en el cine.
Tú llegas a la casa.
Yo pregunto en la clase.
La muchacha practica la guitarra.

1. _____

2. _____

3. _____

4. _____

5. _____

6. _____

7. _____ 8. _____

9. _____ 10. _____

11. _____ 12. _____

Here's a description of what some people are doing. Complete the sentences by adding the correct Spanish verb form.

1. (escuchar) Los alumnos _____ al profesor.

2. (comprar) Yo _____ un sándwich en la cafetería.

3. (entrar) Nosotros _____ en el teatro.

4. (llegar) Pedro _____ a la estación.

5. (visitar) Ustedes _____ a Juan.

6. (buscar) Tú _____ un libro interesante.

7. (cantar) El muchacho _____ en español.

8. (bailar) María _____ bien.

9. (trabajar) Usted _____ en un hotel.

10. (tomar) Yo _____ el autobús.

11. (preparar) Pablo y María _____ la lección.

12. (caminar) Tú _____ a la escuela.

8 Look at the following sentences:

(Yo) contesto.

(Yo) no contesto.

Pedro baila.

Ricardo no baila.

Ellos estudian.   **Ellos no estudian.**

Do you see what we have done? If you want to make a sentence negative in Spanish, which word is placed directly before the verb? _____ If you wrote **no**, you are correct.

 Making Spanish sentences negative is very easy. All you do is place the negative word **no** before the verb. In English we sometimes say *doesn't, don't, aren't, won't,* etc., but Spanish uses **no** in all the sentences.

Tú no hablas español.

You don't speak Spanish.
You aren't speaking Spanish.

Yo no camino a la escuela.

I don't walk to school.
I'm not walking to school.

Ella no compra una blusa.

She doesn't buy a blouse.
She isn't buying a blouse.

With a partner, take turns saying the following statements and changing them into negative sentences.

EXAMPLE: Juan baila bien.   Juan **no** baila bien.

1. Ella practica el piano.

2. Nosotros trabajamos en el jardín.

_____

3. Tú buscas el libro.

_____

4. Ellos escuchan música.

_____

5. Ustedes usan computadoras.

_____

6. Usted compra el periódico.

_____

7. Él llega al aeropuerto.

_____

8. Yo estudio en la universidad.

_____

9. Jaime desea estudiar español.

_____

10. Ustedes hablan mucho.

_____

 Now, let's learn how to ask questions in Spanish.

Usted toma el autobús.	_¿Toma usted el autobús?_
Carlos desea trabajar.	_¿Desea Carlos trabajar?_
Los muchachos compran discos.	_¿Compran los muchachos discos?_

Notice that in the questions, the subjects (**usted, Carlos, los muchachos**) are placed _after_ the verb. Note also that there is an upside down question mark (**¿**) placed at the beginning of the question.

Actividad N

Match the English meanings in the right column with the Spanish sentences in the left column. Write the matching letter in the space provided.

1. Usted no usa tiza. _____
2. ¿Estudia usted mucho? _____
3. ¿Bailan ustedes bien? _____
4. Ella no contesta en la clase. _____
5. ¿Es inteligente el perro? _____
6. ¿Trabajan ellos en casa? _____
7. ¿Hay un diccionario en la clase? _____
8. ¿Escuchas tú música? _____
9. ¿Desea usted visitar la universidad? _____
10. ¿Pasa el tren ahora? _____
11. El actor no es famoso. _____
12. ¿Canta él? _____
13. ¿Desean ustedes entrar? _____
14. Ellos no hablan inglés. _____
15. Mi profesor no habla mucho. _____

a. Do you want to come in?
b. They don't speak English.
c. Is there a dictionary in class?
d. You don't use chalk.
e. Do you want to visit the university?
f. Do you study a lot?
g. The actor is not famous.
h. My teacher doesn't talk a lot.
i. Do you dance well?
j. She doesn't answer in class.
k. Is the train passing now?
l. Is the dog intelligent?
m. Do they work at home?
n. Are you listening to music?
o. Does he sing?

Actividad O

You have an earache and can't hear very well today. You have to question everything you hear. Change the following statements to questions.

1. La profesora entra en la clase.

_____

2. Tú trabajas en un banco.

_____

3. Josefina es inteligente.

_____

4. La madre prepara la comida.

_____

5. Ustedes compran un auto.

_____

6. Los tíos llegan al hotel.

_____

7. Nosotras contestamos bien.

_____

8. Usted desea bailar.

_____

9. El hermano visita a la familia.

_____

10. Mis hermanos miran la televisión.

_____

Actividad **P**

Change the sentences in Actividad O to the negative.

1. _____

2. _____

3. _____

4. _____

5. _____

6. _____

7. _____

8. _____

9. _____

10. _____

El secreto de Antonio

El detective Vargas **habla** con la señora Fuentes, la mamá de Antonio:

DETECTIVE: Señora. Yo no **busco** problemas, pero hay un misterio aquí. Todos los días Antonio **camina** a la casa desierta en la Avenida Bolívar y **entra** con una bolsa de plástico, **pasa** dos o tres minutos en la casa, y va a la escuela. Cuando **hablo** con Antonio y **pregunto** por qué, él no **desea contestar**.

MAMÁ: Ay, yo no sé, señor policía. Antonio no es un ángel pero es un muchacho bueno. Cuando **llega** a casa **trabaja** mucho. No **usa** mucho la computadora. No **mira** mucho la televisión. No **habla** por teléfono con los amigos... No es un delincuente.

DETECTIVE: Vamos a **visitar** la casa desierta.

El detective Vargas y la mamá de Antonio **caminan** a la casa y **entran**. Allí hay un hombre pobre con un sándwich y una bolsa de plástico en una silla.

hay *there is*

bolsa de plástico *plastic bag*

va *he goes*

yo no sé *I don't know*

Vamos a... *Let's ...*

hombre pobre *beggar, poor man*

Complete these sentences based on the story.

1. La señora Fuentes _____ con _____.

2. Todos los días, Antonio _____.

3. Cuando Antonio está en casa, él _____.

4. El detective y la mamá _____.

5. En la casa hay _____.

CONVERSACIÓN

Vocabulario

todos los días *every day*   **ahora** *now*

DIÁLOGO

Fill in what the second person in the dialog would say.

Preguntas personales

Interview your partner. Take turns asking the following questions about different activities.

EXAMPLE: ¿Escuchas música?
Sí, (yo) escucho música todos los días.

1. ¿Hablas mucho por teléfono?

   _____

2. ¿Estudias las lecciones en casa?

   _____

3. ¿Miras la televisión todos los días?

   _____

4. ¿Bailas bien?

   _____

5. ¿Tomas el autobús para ir a la escuela?

   _____

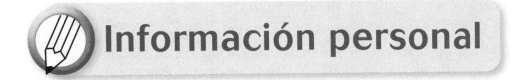

Información personal

¡Felicitaciones! Congratulations! The senior class has just chosen you as the student most likely to succeed. Tell your friends in ten sentences what you do (or don't do) to make you so successful. Start each sentence with **Yo...** or **Yo no...**

EXAMPLE: **Yo escucho con atención en la clase.**

estudiar 1. _____

practicar 2. _____

preparar 3. _____

contestar   4. _____

hablar   5. _____

usar   6. _____

preguntar   7. _____

trabajar   8. _____

participar   9. _____

mirar   10. _____

1. Write a short email in which you introduce yourself to a prospective key pal using the Spanish you have learned so far. You may wish to include the following information: your name, your personality traits, and activities that you do and you don't.

2. Make a collage with pictures from magazines, the Internet, or newspapers of people doing any of the activities learned throughout lesson 4. For example, a picture of a man singing: **El hombre canta**.

3. Go through chapters 1-4 and make a list of what you did not understand or is very difficult for you. Make a plan to overcome those difficulties. Use your teacher's help.

 # Cápsula cultural

The Man of Gold: The Legend of El Dorado

In Spanish, El Dorado means the "gilded man." When the Spaniards first came to South America, they learned of an Indian legend. It was said that there existed somewhere in the interior a land of fabulous wealth. It was ruled by a king who was so incredibly rich that he practiced a special and intriguing ceremony. Each morning, upon awakening, he would bathe and cover his body with sacred oil. His subjects would then dust his entire body with powdered gold, covering him from head to toe. In the evening he would go to a sacred lake to wash off the gold. At the same time, his people would toss gold objects and emeralds into the lake as an offering to the gods. The chief became known as El Dorado, and later his village and country acquired the same name.

The legend probably referred to a ceremony performed by the chief of the Chibcha Indians who was sprinkled with gold dust while sacrifices of gold and emeralds were thrown into the lake.

Spanish and English explorers searched in vain for the fabled golden city of El Dorado. Francisco de Orellana led an expedition to look for it in 1541. Sir Walter Raleigh went in search of it in 1595, with no success.

Finally, a Spanish explorer discovered Lake Guatavita in Colombia and attempts were made to drain it in order to find the gold and jewels that had been thrown in. Thousands of Indian workers cut an opening in the side of the lake to allow the water to drain out. The water was lowered by almost 70 feet and a large quantity of gold ornaments and emeralds were found. Several more attempts were made to drain it. In 1965 the Colombian government declared it against the law to make any further attempts to plunder the lake.

Today the name El Dorado is used to describe any legendary place of untold riches and wealth.

Comprensión

1. In Spanish, El Dorado means _____.

2. According to the legend, the king would cover his body with

_____ and then dust it with _____.

3. As an offering to the gods, the king's subjects would _____.

4. The lake where the ceremonies took place was Lake _____.

5. The name of El Dorado today describes _____.

Investigación

Read about the Spanish explorers and find out what each was searching for. Design an illustrative chart indicating name, year, and places each explored. Use an enlarged map for reference.

VOCABULARIO

bailar *to dance*
buscar *to look for*
caminar *to walk*
cantar *to sing*
comprar *to buy*
contestar *to answer*
desear *to want*
entrar *to enter, to get in*
escuchar *to listen*
estudiar *to study*

hablar *to speak*
llegar *to arrive*
mirar *to look*
practicar *to practice*
preguntar *to ask*
preparar *to prepare*
tomar *to take*
trabajar *to work*
usar *to use*
visitar *to visit*

él *he*
ella *she*
ellas *they* (fem.)
ellos *they* (masc.)
nosotros (as) *we*

usted *you* (sing.)
ustedes *you* (pl.)
tú *you* (sing., fam.)
yo *I*

Repaso I

Lección 1

Nouns in Spanish are either masculine or feminine. The definite article (English *the*) before masculine nouns is **el** and before feminine nouns **la**:

$$el \text{ muchacho} \qquad la \text{ muchacha}$$
$$el \text{ hombre} \qquad la \text{ mujer}$$

Lección 2

a. To make Spanish nouns ending in a vowel (**a, e, i, o, u**) plural, add **s** to the singular form. The definite article (*the*) before masculine plural nouns is **los** and before feminine plural nouns **las**:

$$el \text{ gato} \qquad los \text{ gatos}$$
$$la \text{ casa} \qquad las \text{ casas}$$

b. If a Spanish noun ends in a consonant, add **es** to form the plural:

el doctor   los doctor**es**

la mujer   las mujer**es**

Lección 3

There are two ways to say *a* or *an* in Spanish:

un is used before a masculine singular noun:

$$un \text{ alumno}$$
$$un \text{ lápiz}$$

una is used before a feminine singular noun:

$$una \text{ alumna}$$
$$una \text{ silla}$$

75

Lección 4

a. The subject pronouns are:

yo *(I)*	**nosotros, nosotras** *(we)*
tú *(you,* familiar)	
usted *(you,* formal)	**ustedes** *(you,* plural)
él *(he, it)*	**ellos** *(they)*
ella *(she, it)*	**ellas** *(they)*

b. In order to have a correct verb with each subject, the infinitive of the verb is changed so that the verb form agrees with the subject pronoun or noun. Drop the ending **-ar** and add the endings that belong to the different subjects. This step is called CONJUGATION.

EXAMPLE: **mirar** (to look)

If the subject is
	add		to the remaining stem:	
yo	**o**			**yo miro**
tú	**as**			**tú miras**
usted	**a**			**usted mira**
él	**a**			**él mira**
ella	**a**			**ella mira**
nosotros } **nosotras**	**amos**			**nosotros** } **nosotras** }miramos
ustedes	**an**			**ustedes miran**
ellos } **ellas**	**an**			**ellos** } **ellas** } **miran**

We have just conjugated the verb **mirar** in the present tense.

c. To make a sentence negative in Spanish, that is, to say that a subject does not do something, put **no** directly before the verb:

> **Enrique** *no* **habla inglés.**
>
> **Nosotros** *no* **deseamos bailar.**

d. To ask a question, put the subject after the verb. An inverted question mark is placed at the beginning of a question:

> **¿Canta Enrique en español?**
>
> **¿Compra usted los sándwiches?**

Actividad A

How many of the words describing the pictures in the puzzle below do you remember? Fill in the Spanish words, and then read down the first column of letters to find the word for what all languages consist of.

1. _____ ____ ____ ____ ____

2. _____ ____ ____ ____ ____ ____ ____ ____

3. _____ ____ ____ ____ ____

4. _____ ____ ____ ____ ____

5. _____ ____ ____ ____ ____

6. _____ ____ ____

7. _____ ____ ____ ____ ____

8. _____ ____ ____ ____

Actividad B

Buscapalabras. Find 18 Spanish nouns hidden in this puzzle. Circle them in the puzzle and list them below. The words may be read from left to right, right to left, up or down, or diagonally.

```
M  C  U  A  D  E  R  N  O  L
A  I  A  B  F  L  O  R  D  I
D  N  O  Í  T  Á  T  Í  E  V
R  E  G  L  A  P  A  T  B  Ó
E  F  H  A  L  I  B  R  O  M
I  J  J  E  U  Z  L  N  R  O
L  I  P  S  M  E  U  Ó  R  T
H  A  M  N  N  O  S  I  E  U
P  L  U  M  A  Q  A  V  P  A
H  O  M  B  R  E  S  A  T  U
```

1. _____   7. _____   13. _____

2. _____   8. _____   14. _____

3. _____   9. _____   15. _____

4. _____   10. _____   16. _____

5. _____   11. _____   17. _____

6. _____   12. _____   18. _____

Actividad C

Here are ten pictures of people doing things. Describe each picture, using the correct form of one of the following verbs.

bailar	**entrar**	**mirar**	**tomar**
cantar	**escuchar**	**practicar**	**trabajar**
comprar	**estudiar**	**preguntar**	**usar**
contestar	**hablar**	**preparar**	**visitar**

1. Mi amigo _____ mucho.

2. Rosa y María _____ por teléfono.

3. Nosotros _____ en la fiesta.

4. Yo _____ todos los días.

5. Los alumnos _____ el diccionario de español.

6. Mi madre _____ comida en el supermercado.

7. Ustedes _____ en el cine.

8. El hombre _____ en un banco.

9. Ellos _____ música rock.

10. Tú _____ un sándwich.

Actividad **D**

Acróstico. Using the clues on the left, write Spanish words that begin with the letters in the word **televisor** *(television set)*.

Clue								
you (familiar)	T							
to study	E							
pencil	L							
to go in, enter	E							
to visit	V							
important	I							
young lady	S							
ordinary	O							
fast	R							

Oficina de objetos perdidos *(Lost and Found).* You are working in a lost-and-found office. Tell which are the objects that have been brought in.

EXAMPLE: **Hay una lámpara.**

_____

_____

_____

_____

_____

_____

Picture Story. Can you read this story? Much of it is in picture form. When you come to a picture, read it as if it were a Spanish word.

Carlos es un muchacho de . Él habla español en .

La de Carlos se llama Alicia; el se llama Alberto.

El padre es ; él trabaja en un . Él usa su para ir al .

La madre de Carlos es . Ella trabaja en una moderna.

Carlos estudia en una grande. En la clase, él usa muchas cosas: un ,

una , un y un . Terror y Tigre son dos animales de Carlos. Terror

es un y Tigre es un .

Segunda Parte

Uno, dos, tres...

How to Count in Spanish

1 Vocabulario

0-cero

1-uno	7-siete	13-trece	19-diecinueve	25-veinticinco
2-dos	8-ocho	14-catorce	20-veinte	26-veintiséis
3-tres	9-nueve	15-quince	21-veintiuno	27-veintisiete
4-cuatro	10-diez	16-dieciséis	22-veintidós	28-veintiocho
5-cinco	11-once	17-diecisiete	23-veintitrés	29-veintinueve
6-seis	12-doce	18-dieciocho	24-veinticuatro	30-treinta

NOTE: **Uno** and combinations of uno (**veintiuno, treinta y uno,** etc.) become **un** before a masculine noun and **una** before a feminine noun:

veintiún hombres   veintiuna muchachas

The TV announcer of the Spanish-speaking station is calling off the numbers of the cyclists as they cross the finish line. What is he saying?

ANUNCIADOR: **diez, ocho,** _____, _____, _____, _____, _____,

_____, _____, **doce**

Summer camp is over, and you are collecting your new friends' phone numbers. Write them out and say them aloud to verify that they are correct.

EXAMPLE: 852 6910   **ocho-cinco-dos-seis-nueve-uno-cero**

1. 780 5802 _____

2. 596 9113 _____

3. 486 3739 _____

4. 435 8720 _____

5. 671 0429 _____

6. 843 6923 _____

7. 522 5068 _____

Lotería nacional. The following numbers have come up. Announce them in Spanish and write them out.

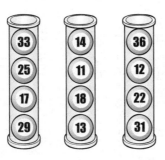

Your teacher will say some numbers in Spanish. Write the Arabic numerals.

EXAMPLE: You hear: **veinte**   You write: **20.**

1. _____   5. _____   9. _____

2. _____   6. _____   10. _____

3. _____   7. _____   11. _____

4. _____   8. _____   12. _____

Actividad **E**

Write the missing numbers. Then read the sequence aloud in Spanish.

1. 2, _____ , 4   **4.** 30, _____ , 32   **7.** 28, _____ , 30

2. 5, _____ , 7   **5.** 15, _____ , 17   **8.** 22, _____ , 24

3. 6, _____ , 8   **6.** 19, _____ , 21   **9.** 13, _____ , 15

Actividad **F**

Tell your partner the number for each of the following.

1. number of books you keep in your locker   _____

2. number of subjects you are taking   _____

3. phone number dialed for emergencies   _____

4. your house or apartment number   _____

5. number of Spanish classes weekly   _____

6. number of pets you have or you would like to have at home   _____

7. number of hours you watch TV at home every day   _____

8. number of minutes you take to eat breakfast   _____

2   Now that you know the Spanish words for the numbers 1 to 30, let's try some arithmetic in Spanish. First you have to learn the following expressions:

y	*and, plus* (+)	**dividido por**	*divided by* (÷)
menos	*minus* (−)	**son**	*are, equals* (=)
por	*times* (×)	**es**	*is, equals* (=)

EXAMPLES: $3 + 2 = 5$ **tres y dos son cinco**
$4 - 3 = 1$ **cuatro menos tres es uno**
$4 \times 4 = 16$ **cuatro por cuatro son dieciséis**
$10 \div 2 = 5$ **diez dividido por dos son cinco**

Una canción de aritmética   **la canción** *song*

Dos y dos son cuatro,
Cuatro y dos son seis,
Seis y dos son ocho,
Y ocho, dieciséis.
Y ocho, veinticuatro,
Y ocho, treinta y dos,
Así es la aritmética,   **así** *so, thus*
Un genio soy yo.   **yo soy** *I am*

Read the following numbers in Spanish. Then write out each problem in numerals.

1. Quince menos dos son trece.   _____

2. Once y diez son veintiuno.   _____

3. Seis por cinco son treinta.   _____

4. Doce dividido por tres son cuatro.   _____

5. Catorce dividido por dos son siete.   _____

6. Nueve y once son veinte.   _____

7. Dieciséis menos quince es uno.   _____

8. Ocho por tres son veinticuatro.   _____

9. Trece por dos son veintiséis.   _____

10. Trece y doce son veinticinco.   _____

Actividad H

Write the following examples in Spanish, then read them aloud.

1. $21 + 3 = 24$ _____

2. $19 - 2 = 17$ _____

3. $4 \times 7 = 28$ _____

4. $8 \div 4 = 2$ _____

5. $12 + 3 = 15$ _____

6. $30 - 5 = 25$ _____

7. $4 \times 5 = 20$ _____

8. $16 \div 2 = 8$ _____

9. $10 + 9 = 19$ _____

10. $28 - 7 = 21$ _____

Actividad I

Complete these sentences in Spanish.

1. Tres y siete son _____.

2. Cuatro menos tres es _____.

3. Dos por dos son _____.

4. Tres dividido por tres es _____.

5. Diez y cinco son _____.

6. Diez menos cinco son _____.

7. Diez dividido por cinco son _____.

8. Uno por uno es _____.

9. Doce menos once es _____.

10. Diez y siete son _____.

Pronunciación

Letter	Pronunciation	English examples of sound	Spanish examples
h	always silent, never pronounced	<u>h</u>our, <u>h</u>onest	a<u>h</u>ora, <u>h</u>asta, <u>h</u>ombre

Hola, Heriberto. ¿Qué has hecho hoy?

The scene of this story is a shop where Roberto and his friend Rosita want to buy some videogames. Read on to find out how they do it. But first make sure you know your numbers, because there are many in the story.

La tienda de videojuegos

Personajes: Roberto, un muchacho de 15 años. Rosita, su amiga de 14 años.

DEPENDIENTE: Buenos días, muchachos, ¿Qué desean ustedes?

ROBERTO: Deseamos estos videojuegos. ¿Cuánto cuestan?

DEPENDIENTE: El total es **treinta** dólares y **treinta** centavos.

ROBERTO: ¿**Treinta** dólares y **treinta** centavos? ¡Es mucho dinero!

DEPENDIENTE: No, no es mucho. Son unos videojuegos muy populares.

ROBERTO: Aquí tengo **veinte** dólares. Necesito **diez** dólares y **treinta** centavos.

ROSITA: Yo tengo **diez** dólares y varias monedas.

ROBERTO: ¡Perfecto! **Cinco, diez, quince, veinte, veinticinco, treinta**.

DEPENDIENTE: ¡Exacto!

ROBERTO: Oh, gracias Rosita. ¡Qué buena amiga eres!

ROSITA: Sí, especialmente cuando tengo dinero, ¿verdad?

dependiente *clerk*

estos *these*
¿Cuánto cuestan?
How much are they?

dinero *money*

monedas *coins*

Actividad J

Complete these sentences, which are based on the conversation you have just read.

1. Roberto es un muchacho de _____ años.

2. Rosita es una muchacha de _____ años.

3. El dependiente pregunta: ¿_____?

4. Roberto contesta: _____.

5. Los videojuegos cuestan_____.

6. Roberto cuenta: cinco, diez _____.

Actividad K

You were asked to make a list of the number of students in your classes. How many students are there in each class? How many boys and girls? Give the numbers in Spanish.

CLASE	NÚMERO DE ALUMNOS	NÚMERO DE MUCHACHOS	NÚMERO DE MUCHACHAS
Matemáticas			
Español			
Ciencias Sociales			
Ciencia			
Inglés			

Para conversar en clase

Work with a partner, and ask him or her the following questions.

EXAMPLE: **Necesito ocho dólares para comprar un libro.**

¿Cuánto dinero necesitas para...

1. comprar un CD?

2. tomar el autobús?

3. comprar un chocolate?

4. entrar en el cine?

CONVERSACIÓN

Vocabulario

dulces *candy* **más** *more* **vamos** *let's go* **a** *to*

Complete this conversation between these two friends.

Información personal

Your school requires that every student fill out an information card for the computer. Supply the following information in Spanish, writing out all the numbers.

Nombre: _____

Apellido: _____

Edad: _____años

En mi familia hay_____ personas

Número de hermanos: _____

Número de hermanas: _____

Mi número de teléfono es _____.

El número de mi casa es _____.

Mi número de estudiante es _____.

1. Using vocabulary you've learned so far, make a list of objects and people in your house or class, saying how many there are, for example: **hay cuatro lámparas**. Use the formula **"En mi casa/clase hay..."** (*In my house/class there is/are...*)

2. Collect different items with numbers on them (lottery tickets, price labels, bus tickets, etc.) and write out those numbers in Spanish.

Cápsula cultural

El dinero

If you want to buy things in the United States, you use dollars (**dólares**). But if you are planning to travel to a Hispanic country, you will have to find out what the national currency is. Hispanic countries share a common language and some common cultural traits, but they are far from similar. One of the things they don't share is their currency. Even in countries where the currency has the same name, it does not have the same value. Below are the names of the monetary units of some Spanish-speaking countries.

If you go shopping in a Spanish-speaking country, you may see labels like these in a store window: 30,25; 4,50; 21,15. If they look strange, it's because Spanish uses a comma where English uses a period, and vice versa. One thousand in Spanish is 1.000.

Dinero	País
el euro	España
el peso	Argentina, Colombia, México, Chile, Cuba, República Dominicana, Uruguay
el quetzal	Guatemala
el colón	El Salvador, Costa Rica
el lempira	Honduras
el guaraní	Paraguay
el córdoba	Nicaragua
el balboa	Panamá
el bolívar	Venezuela
el dólar	Ecuador
el nuevo sol	Perú
el dólar	Puerto Rico

Comprensión

Match each country with the name of the money it uses by writing the correct letter in the blank.

1. _____	Paraguay	a.	el nuevo sol
2. _____	Costa Rica	b.	el bolívar
3. _____	Venezuela	c.	el quetzal
4. _____	España	d.	el peso
5. _____	Perú	e.	el euro
6. _____	México	f.	el guaraní
7. _____	Guatemala	g.	el dólar
8. _____	Panamá	h.	el balboa
9. _____	Ecuador	i.	el colón

Investigación

Work in groups. Make a chart with images of bills and coins of various Spanish-speaking countries. Compare these images with those on bills and coins in the United States.

VOCABULARIO

cero *zero*
uno *one*
dos *two*
tres *three*
cuatro *four*
cinco *five*
seis *six*
siete *seven*
ocho *eight*
nueve *nine*
diez *ten*

once *eleven*
doce *twelve*
trece *thirteen*
catorce *fourteen*
quince *fifteen*
dieciséis *sixteen*
diecisiete *seventeen*
dieciocho *eighteen*
diecinueve *nineteen*
veinte *twenty*

veintiuno *twenty-one*
veintidós *twenty-two*
veintitrés *twenty-three*
veinticuatro *twenty-four*
veinticinco *twenty-five*
veintiséis *twenty-six*
veintisiete *twenty-seven*
veintiocho *twenty-eight*
veintinueve *twenty-nine*
treinta *thirty*

dividido por *divided by*
es *is, equals*
menos *minus*
por *times* (×)
son *are, equals*
y *and, plus*

¿Cuánto cuesta? *How much is it?*
dinero *money*
más *more*
monedas *coins*
número *number*

6

¿Qué hora es?

Telling Time in Spanish

1 ¿Qué hora es?

Es la una.

Son las dos.

Son las tres.

Son las cuatro.

Son las cinco.

Son las seis.

Now see if you can do the rest.

_____

_____

_____

_____

_____

Es la medianoche.
Es el mediodía.

How do you say "What time is it?" in Spanish? _____

What Spanish word is used to express "it is" when saying "it is one o'clock"?

_____

What Spanish word is used to express "it is" when saying any other hour?

_____

How do you say "it is noon"? _____

How do you say "it is midnight"? _____

2 Now study these:

Es la una y veinte.

Son las dos y dieciséis.

Son las cuatro y veinticinco.

Son las nueve y diez.

How do you express time after the hour? _____

How would you say?

_____

_____

_____

_____

_____

_____

_____

3 Now study these:

Son las doce menos cinco.   **Son las tres menos veinte.**

Son las diez menos veinte.   **Es la una menos siete.**

How do you express time before the hour? _____

Unlike English, Spanish does not have an equivalent for the expression *o'clock*. Instead, it uses the definite article and a number (**la una, las dos**, etc.). **Es la** is used for one o'clock and its divisions (**Es la una**). For all other time expressions, use **Son las** (**Son las siete**).

To express time AFTER the hour, up until and including half-past, use **y** and add the number of minutes (**Son las siete y cinco**).

After half-past, to express time BEFORE the next hour, use **menos** and subtract the number of minutes from that next hour (**Son las nueve menos cinco**).

How would you express these times?

_____

_____

_____

_____

_____

_____

_____

4 Now study these:

Es la una y cuarto.

Es la una menos cuarto.

Son las cinco y cuarto.   **Son las cinco menos cuarto.**

What is the special word for "a quarter"?_____

How do you say "a quarter after"?_____

How do you say "a quarter to"?_____

How would you express the following times?

4: 15

_____

11:45

_____

3:45

_____

7: 15

_____

9:45

_____

12: 15

_____

5 Now study these:

Son las cinco y media.

Es la una y media.

What is the special word for "half past"? _____

How do you express "half past the hour"? _____

Express the following times.

_____

_____

_____

_____

The Spanish word for *quarter* is **cuarto**. A *quarter after* is expressed ... **y cuarto**. A *quarter to* is expressed ... **menos cuarto**.

The word for *half* is **media**. *Half past the hour* is expressed ... **y media**.

Actividad A

Write out these times in numbers.

EXAMPLE: Son las dos.   **2:00**

1. Es la una menos veinticinco. _____

2. Son las once y cuarto. _____

3. Es mediodía. _____

4. Son las diez menos once. _____

5. Son las nueve y cinco. _____

6. Es la una y media. _____

7. Son las tres y veinte. _____

8. Son las doce menos cuarto. _____

9. Son las cinco menos veinte. _____

10. Son las siete y cuarto. _____

Actividad B

Here are some clocks. What time does each one show?

1. _____   2. _____

3. _____

4. _____

5. _____

6. _____

7. _____

8. _____

9. _____

10. _____

Actividad C

Here are some broken clocks. Each one has the minute hand missing. Can you tell where each one belongs?

1. Son las dos.

2. Son las nueve y once.

3. Son las cuatro y media.

4. Son las tres y cuarto.

5. Son las seis menos veinticinco.

6. Son las once y cinco.

7. Son las cinco menos diez.

8. Es medianoche.

9. Es la una y cuarto.

 Now you know what to say when someone asks **¿Qué hora es?** But how do you reply if someone asks **¿A qué hora?** (*At what time?*)? Look at these questions and answers.

¿A qué hora comes el almuerzo?　　*At what time do you have lunch?*
Como el almuerzo a la una.　　*I have lunch at one o'clock.*

A qué hora preparas la tarea?　　*At what time do you prepare your homework?*
Preparo la tarea a las cinco y media.　　*I prepare my homework at five thirty.*

If you want to express "at" a certain time, which Spanish word do you use before the time? _____

 To express *at* a certain time, use the preposition **a** and the time: **Estudio a las cinco.**

Following the examples above, complete the following sentences indicating a specific time.

1. Estudio la lección _____.

2. Miro la televisión _____.

3. Escucho música _____.

4. Entro en la escuela _____.

5. Camino en el parque _____.

6. Uso la computadora _____.

7. Tomo el autobús _____.

 If you want to be more specific about the time of day, here is what you say:

Yo tomo el autobús a las siete y media de la mañana.
Mi padre llega del trabajo a las seis de la tarde.
Nosotros miramos la televisión a las ocho de la noche.

How do you express "in the morning" or "A.M." in Spanish? _____

How do you express "in the afternoon" or "P.M."? _____

How do you express "in the evening"?_____

A.M. (in the morning):	**de la mañana**
P.M. (in the afternoon):	**de la tarde**
P.M. (in the evening):	**de la noche**

Complete the following:

1. María toma el tren a las _____. (8:00 A.M.)

2. Comemos a las _____. (3:30 P.M.)

Actividad **D**

Here are some daily activities. Choose the most likely answer to the question **¿Qué hora es?** and write it in numbers.

Es la una y media de la tarde.
Son las siete de la mañana.
Son las tres de la tarde.

1. _____ 7:00 A.M. _____

Son las siete y media de la noche.
Son las cuatro de la tarde.
Son las siete y cuarto de la mañana.

2. _____

Son las ocho y media de la mañana.
Son las once de la noche.
Es la una y cuarto de la tarde.

3. _____

Son las ocho de la noche.
Son las seis de la mañana.
Son las diez de la mañana.

4. _____

Son las siete de la noche.
Son las dos de la tarde.
Es mediodía.

5. _____

Son las dos y media de la tarde.
Son las ocho y cinco de la noche.
Son las nueve menos cinco de
la mañana.

6. _____

Son las tres de la tarde.
Son las once y media de la mañana.
Son las dos menos veinte de la tarde.

7. _____

Son las seis de la noche.
Son las diez menos diez de la noche.
Es la una de la mañana.

8. _____

Son las cuatro menos diez de la tarde.
Es mediodía.
Son las diez y cuarto de la noche.

9. _____

Es medianoche.
Son las diez y cinco de la mañana.
Son las nueve y media de la mañana.

10. _____

Your school counselor has asked for your class schedule. Prepare it.

EXAMPLE: español   **La clase de español es a las diez menos diez.**

1. inglés _____

2. historia _____

3. matemáticas _____

4. música _____

5. biología _____

6. arte _____

7. educación fisica _____

8. tecnología _____

9. física _____

10. teatro _____

Letter	Pronunciation	English example of sound	Spanish examples
ll	y	<u>y</u>es	tortilla, amarillo, millonario

La tortilla está en la silla amarilla.

Now read this dialog and answer the questions that follow.

¿Qué hora es?

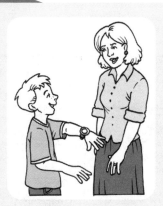

JUAN: Mamá, **¿qué hora es?**
MAMÁ: ¿No escuchas la televisión? **Son las nueve y media,** hijo.
JUAN: **¿Las nueve y media?** Es imposible. En mi reloj **son las ocho y diez.**
MAMÁ: Tu reloj no funciona bien. Necesitas otro reloj. ¿Por qué no compras un reloj nuevo?
JUAN: Sí, sí, necesito un reloj nuevo. Pero ahora es tarde y tengo un examen en mi clase de inglés hoy a las **diez.**
MAMÁ: ¿Hoy? ¿Un examen de inglés? ¡Pero hoy es sábado! El sábado no hay clases en la escuela.
JUAN: ¿Es sábado hoy? ¡Qué sorpresa! Sí, gracias a Dios, es sábado.

en on
el reloj watch
funcionar to work
¿por qué? why?
nuevo new
ahora now
tarde late
hoy today
sábado Saturday

gracias a Dios *thank goodness*

Answer the questions in Spanish.

1. ¿Qué le pregunta Juan a la mamá?

2. ¿Qué hora es en el reloj de Juan?

3. ¿Qué hora es en la televisión?

4. ¿Por qué necesita Juan un reloj nuevo?

5. ¿En qué clase hay un examen?

6. ¿Por qué no hay clases hoy?

CONVERSACIÓN

Vocabulario

en casa de *at the house of*
el viernes *Friday*

el sábado *Saturday*

DIÁLOGO

Complete the dialog using the suitable expressions.

Información personal

Interview your partner. Tale turns asking and answering the following questions.

1. ¿A qué hora practicas deportes?

_____

2. ¿A qué hora llegas a la escuela?

_____

3. ¿A qué hora entras en la clase de español?

_____

4. ¿A qué hora miras la televisión?

_____

5. ¿A qué hora preparas la tarea?

_____

1. You do certain things at the same time every day. Say at what time you usually do the following.

EXAMPLE: tomar el autobús   **Tomo el autobús a las siete y media de la mañana.**

    1. llegar a la escuela   **6.** llegar a casa

    2. entrar a la clase de español   **7.** mirar la televisión

    3. hablar por teléfono   **8.** estudiar las lecciones de español

    4. usar la computadora   **9.** enviar mensajes de texto

    5. preparar la tarea   **10.** comer el almuerzo

2. Tell how you spend the day. Write complete sentences indicating what you do at a particular time. Report on as many activities as you can.

 Cápsula cultural

Las comidas

It has often been said that the people of Spain and Latin America are different from others not only in what they eat but also when they eat.

El desayuno (*breakfast*) is served between seven and nine o'clock in the morning. A typical Spanish breakfast is usually light, consisting perhaps of **pan tostado con mantequilla** (*toast and butter*) and **café con leche** (*coffee with hot milk*). Typically Spanish is a breakfast of **chocolate caliente** (*thick hot chocolate*) **con churros**.

Churros are long skinny strips of dough, which are fried in vats of very hot oil. The dough is squeezed out of a special machine in the shape of a spiral (about one yard long.) The spirals of fried dough are removed from the oil, cut into pieces, and then sprinkled with powdered sugar. **Churros** may be eaten as a snack at any time. Most people in Spain and other Spanish-speaking countries prefer to have their **churros** in the morning with their coffee or hot chocolate.

Lunch (called **el almuerzo** in Latin America and **la comida** in Spain) is the biggest meal of the day and is eaten generally between noon and 2:00 P.M. Unlike our quick sandwich and soda or fast-food burger and fries, lunch is a full meal in many places, consisting of soup, meat or fish, vegetables, salad, and dessert.

Supper (called **la cena** in Spain and **la comida** in Latin America) is not usually eaten earlier than 7:00 P.M. and often not until 9 or 10 o'clock at night.

This meal schedule leaves a large gap of time between lunch and supper without food. How is this problem solved? We will find out in another **Cápsula cultural**.

Comprensión

1. _____ is served between 7:00 and 9:00 in the morning.

2. **Chocolate con churros** consists of _____.

3. In Spain, **la comida** is _____. In Latin America, it is _____.

4. The biggest meal of the day is _____.

5. Supper is eaten very _____.

Investigación

Compare the eating times of the Spanish-speaking peoples with our own. What are the benefits or advantages of each?

VOCABULARIO

a la una *at one o'clock*
a las dos *at two o'clock*
¿Qué hora es? *What time is it?*
Son las dos. *It's two o'clock.*
Son las dos menos cinco. *It's five to two.*
Son las dos y cuarto. *It's a quarter after two.*
Son las dos menos cuarto. *It's a quarter to two.*
Son las dos y media. *It's half past two.*
Son las dos de la mañana. *It's two o'clock* A.M.
Son las dos de la tarde. *It's two o'clock* P.M.
Son las diez de la noche. *It's ten o'clock in the evening.*

ahora *now*
hoy *today*
la mañana *morning*
mañana *tomorrow*
el reloj *watch*
la tarde *afternoon*
tarde *late*

Otras actividades

Present Tense of -ER Verbs

1 Vocabulario

This new group of verbs belongs to the **-er** conjugation. Can you guess their meanings?

**aprender
la geografía**

beber un refresco

comer los tacos

**comprender las
matemáticas**

**correr en
el parque**

creer en él

leer una novela

responder la pregunta

vender el suéter

ver la luna

 You probably noticed that these verbs don't end in **-ar** but in _____ .

You will recall how we made changes in **-ar** verbs by dropping the **-ar** and adding certain endings. Well, we must do the same with **-er** verbs, but the endings are slightly different. Let's see what happens. Read the conversation, look for the **-er** verbs, and try to spot the endings.

PEDRO: Juan, ¿qué **lees**?

JUAN: Leo una novela para mi clase de inglés.
                     ¿Qué **leen** ustedes?

PEDRO Y LILIANA: Nosotros **leemos** una novela también.

JUAN: ¿Oh sí? **Creo** que todos los alumnos de la señora
                     Rice **leen** mucho.   **mucho** *a lot*

PEDRO: La señora Rice **cree** que si usted no **lee**,   **si** *if*
                     no **aprende**.

LILIANA: Si no **aprende**, no pasa el curso.

TODOS :   ¡Ay, ay, ay! **Comprendemos**.

Using the examples in the previous conversation, fill in the correct endings of the verb **leer**.

yo	le _____	*I read, I am reading*
tú	le _____	*you read, you are reading* (familiar singular)
usted	le _____	*you read, you are reading* (formal singular)
él	le _____	*he reads, he is reading*
ella	le _____	*she reads, she is reading*
nosotros nosotras }	le _____	*we read, we are reading*
ustedes	le _____	*you read, you are reading* (plural)
ellos ellas }	le _____	*they read, they are reading*

Match the sentences with the pictures they describe.

Nosotros leemos el periódico.
El bebé bebe la leche.
Los perros aprenden a bailar.
Los muchachos comen en la cafetería.

El señor Pérez vende frutas.
Tú corres por el parque.
Julia no comprende el problema.
Yo respondo bien en clase.

1. _____

2. _____

3. _____

4. _____

5. _____

6. _____

7. _____

8. _____

3 Let's practice some other **-er** verbs:

	responder	comprender	creer
yo	_____	_____	_____
tú	_____	_____	_____
usted	_____	_____	_____
él	_____	_____	_____
ella	_____	_____	_____
nosotros	_____	_____	_____
nosotras	_____	_____	_____
ustedes	_____	_____	_____
ellos	_____	_____	_____
ellas	_____	_____	_____

Actividad B

You and your friends are working in a department store for the summer. What are you selling?

EXAMPLE: yo / platos
Yo vendo platos.

1. Carlos / los discos compactos _____
2. tú / televisores _____
3. nosotros / libros _____
4. María y Ana / blusas _____
5. usted / vaqueros _____
6. Rosa / bicicletas _____
7. Milagros / teléfonos _____
8. José y Santiago / computadoras _____

Actividad C

It's lunch time and you and your friends discuss what everyone's eating.

EXAMPLE: Claudio / una banana
Claudio come una banana.

1. yo / un sándwich _____
2. Jorge y José / frutas _____
3. tú / una hamburguesa _____
4. Ramona / una ensalada _____
5. nosotros / chocolate _____
6. usted / pollo _____
7. Josefina / vegetales _____
8. Marcos y Luisa / pasta _____

 There are other **-er** verbs which differ slightly from the pattern we have just learned.

Three important ones are:

querer	*to want*
saber	*to know (something)*
ver	*to see*

First, let's examine **saber** and **ver**:

yo	sé	veo
tú	sabes	ves
usted		
él }	sabe	ve
ella		
nosotros }	sabemos	vemos
nosotras		
ustedes		
ellos }	saben	ven
ellas		

Did you notice that the only irregular form in both verbs is **yo**?

> **Yo sé.**
> **Yo veo** (does not drop the *-e* of the ending).

Let's do a few examples. Write the correct form of the verb **saber**.

1. Carlos _____ la lección.

2. Ellos no _____ la dirección.

3. ¿ _____ usted la hora?

4. Yo no _____ .

5. Niño, tú _____ mucho.

Now, write the correct form of **ver**.

1. ¿_____ usted la casa?

2. Yo no _____ la escuela.

3. Alejandro y yo _____ el avión.

4. Ellas _____ el problema.

Next, let's look at the verb **querer**.

yo	**quiero**
tú	**quieres**
usted	
él	**quiere**
ella	
nosotros	**queremos**
nosotras	
ustedes	
ellos	**quieren**
ellas	

Here we see a different kind of change.

In all its forms (except **nosotros(as)** — *we*) there is an extra letter (which one?) The expected *e* becomes *ie*.

Now let's see if you can do some. What do these people want? Complete the sentences with the correct forms of **querer**.

1. Tú _____ un gato.

2. Él _____ una bicicleta.

3. Usted _____un videojuego.

4. Yo _____ una flor.

5. Nosotros _____ hablar español.

Read the following conversation. See if you can find all the forms of **querer**.

La persona más importante

MAMÁ:	Mañana vamos a un picnic. ¿Qué quieren comer ustedes?	**vamos** *we are going*
JUAN:	Yo quiero pizza con soda.	
MARÍA Y ROSA:	Nosotras queremos tacos y hamburguesas.	
MAMÁ:	Y tú, Jaime, ¿qué quieres comer?	
JAIME:	Yo quiero un sándwich.	
MARÍA:	Mamá, mis amigas Luisa y Marta quieren ir.	
MAMÁ:	Está bien. Ahora quiero hablar con la persona más importante.	**más** *most, more*
TODOS:	¿Quién es la persona más importante?	
MAMÁ:	Tú papá. ¡Él tiene el automóvil!	**él tiene** *he has*

You and your friends are discussing what to do this weekend. Write sentences with the correct form of **querer**.

EXAMPLE: Gabriela / comer pizza
            Gabriela quiere comer pizza.

1. Mario / practicar fútbol

_____

2. Tú / comprar videojuegos

_____

3. Ustedes / mirar televisión

_____

4. María / visitar un museo

_____

5. Yo / correr en el parque

_____

6. Juan y Manuel / pasar tiempo con amigos

_____

 Now let's compare an **-ar** verb with an **-er** verb. How are they similar and how are they different?

	trabajar	**aprender**
yo	**trabajo**	**aprendo**
tú	**trabajas**	**aprendes**
usted **él** **ella**	**trabaja**	**aprende**
nosotros **nosotras**	**trabajamos**	**aprendemos**
ustedes **ellos** **ellas**	**trabajan**	**aprenden**

Notice that the **yo** form has the same ending in both the -**ar** and -**er** verbs: **yo trabajo, yo aprendo.** In all other forms, however, the -**ar** verbs have endings in *a* or that begin with *a* while the -**er** verbs have endings in *e* or that begin with *e*.

Actividad (E)

Fill in the correct subject pronouns.

EXAMPLE: **usted, él, ella** habla inglés

1. _____ buscas el libro

2. _____ comprendo la lección

3. _____ ven el accidente

4 _____ visitamos la ciudad

5. _____ come

6. _____ llega

7. _____ trabajamos

8. _____ venden frutas

9. _____ contesto bien

10. _____ crees en él

Actividad (F)

Tell what each member of the family is doing. Add the correct forms of the verbs.

1. (visitar) Mis tíos _____ a mis padres.

2. (comer) Mi hermano _____ un taco.

3. (leer) Mi papá _____ el periódico.

4. (beber) Nosotros _____ café.

5. (escuchar) Usted _____ música.

6. (ver) Yo _____ a mi perro en el jardín.

7. (querer) Tú _____ una novela para leer.

8. (correr) Los gatos _____ por la casa.

9. (saber) Yo _____ la lección para mañana.

10. (aprender) El bebé _____ a caminar.

Actividad G

Complete these sentences with the correct Spanish form of the verb in parentheses.

1. (*learn*) Nosotros _____ a bailar.

2. (*sell*) Juanito _____ su bicicleta.

3. (*run*) Mi gato _____ en casa.

4. (*eat*) Ellos _____ rápidamente.

5. (*answer*) Mi hermana _____ el teléfono.

6. (*know*) Yo no _____, señor.

7. (*want*) Ustedes _____ comer.

8. (*see*) Tú _____ a mi papá.

9. (*buy*) Los turistas _____ mucho.

10. (*study*) Las alumnas _____ la lección.

11. (*understand*) El muchacho _____ al profesor.

12. (*read*) Nosotras _____ todos los días.

There are two important points of grammar you must learn: the contraction **al** and the personal **a**. First, the basic meaning of the preposition **a** is *to*.

Ellos caminan a la estación.	*They walk to the station.*
Yo corro a la tienda.	*I run to the store.*

If the preposition **a** comes directly before the article **el** (*the*), the two words combine to form the word **al** (a + el = al).

Ella camina *al* parque.   *She walks to the park.*
(a + el parque = *al* parque)

Complete the following sentences inserting the preposition **a**. If *al* is needed, cross out **el**.

1. Ellos caminan _____ la escuela.

2. Corremos _____ el hospital.

3. Tú llegas _____ la estación.

4. Vamos _____ cine.

There's another important use of the preposition **a**, the personal **a**. Look at these sentences:

(Yo) no comprendo a mi papá.	*I don't understand my father.*
Tú le contestas a la profesora.	*You answer the teacher.*
Rosa ve a su perro.	*Rosa sees her dog.*

Which is the extra word in the Spanish sentences for which there is no equivalent in the English sentences? _____

> When the object of a verb is a person or a pet (**mi papá,
> la profesora, su perro**), the preposition **a** comes
> before the object even though the **a** has no equivalent
> in English.

Complete the following sentences inserting the preposition **a** when needed.

1. I see the houses.   Veo _____.

2. I see the boys.   Veo _____.

3. I visit the school.   Visito _____.

4. I visit my friend.   Visito _____.

Actividad H

Complete the following sentences using the personal **a** when needed. If the personal **a** is not needed, leave the blank empty. If **al** is needed, cross out **el**.

1. Comprendemos _____ el español.

2. Comprendemos _____ la profesora.

3. Yo no veo _____ el actor.

4. Yo no veo _____ el avión.

5. Los alumnos escuchan _____ música.

6. Los alumnos escuchan _____ el señor Mendoza.

7. María visita _____ la directora.

8. María visita _____ el museo.

9. No comprendo _____ mi amigo.

10. No comprendo _____ la pregunta.

11. Yo contesto _____ la pregunta.

12. Yo contesto _____ el profesor Rivera.

Pronunciación

Letter	Pronunciation	English examples of sound	Spanish examples
ñ	ni, ny	ca<u>ny</u>on, o<u>ni</u>on	español, mañana, señora

La niña tiene una muñeca española.

Pepe y su perro

Pepe, un muchacho de doce años, tiene un perro que se llama Lobo. Lobo es un perro muy inteligente, y **aprende** rápidamente.

Pepe ayuda a sus padres. Trabaja en un supermercado todos los días. Lobo **quiere correr** en el parque y espera a Pepe en casa.

ayudar *to help*

esperar *to wait (for)*

Cuando **ve** al muchacho, **quiere** salir a la calle.

—¡Lobo, **corre** al parque! El perro **comprende y responde:**
—¡Guau, guau!

A las seis de la tarde, Pepe y Lobo entran en la casa. Lobo **tiene** hambre; **quiere** comer. Pepe saca una lata de comida para perro pero Lobo no está interesado. Pepe saca un pedazo de pollo y una hamburguesa pero el animal no quiere comer estas cosas tampoco.

tener hambre
  to be hungry
sacar *to take out*
una lata *a can*
tampoco *either*

Pepe **come** pizza y el perrro quiere un pedazo también. (¿Un perro que **come** pizza? ¿Es posible?) Finalmente Lobo come pizza y está contento.

un pedazo
  a piece

Luego, cuando Pepe prepara la tarea para la escuela, Lobo **comprende** que el muchacho necesita estudiar y espera con paciencia.

cuando *when*

Actividad ❶

Complete the sentences based on the story you have just read.

1. Pepe es un muchacho de _____ años.

2. Lobo es _____ de Pepe.

3. Lobo es _____.

4. Para ganar dinero, Pepe _____.

5. Lobo espera a Pepe _____.

6. Cuando Pepe llega, Lobo quiere _____.

7. A las seis Pepe y Lobo _____ en la casa.

8. Lobo tiene _____, y quiere _____.

9. Pepe saca una _____ de _____.

10. Después de comer _____, el perro está _____.

CONVERSACIÓN

Vocabulario

bonito *pretty*	**valen** *(they) are worth*
la cosa *thing*	**medio** *half*
el perrito *puppy*	**cada** *each*

DIÁLOGO

Complete the dialog.

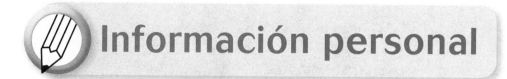

Información personal

Interview your partner. Take turns asking and answering the following questions.

1. ¿Qué deportes practicas?

   _____

2. ¿Qué comes en el desayuno?

   _____

3. ¿Qué lees en tu tiempo libre?

   _____

4. ¿Qué bebes en la cafetería de la escuela?

   _____

5. ¿Qué programas quieres ver en la televisión?

   _____

6. ¿Qué quieres hacer después de la escuela?

   _____

1. When and where do you do what? State what you do at different times and where you do it. Be as elaborate as you can, for example: **A la una como en la cafetería y hablo con mis amigos.**

2. A key pal from the Dominican Republic wants to find out a few things about your personality. Write five sentences about yourself using some of the verbs below (or others). Write each sentence in a way that tells her something about you.

EXAMPLE: **Leo muchos libros.**

   aprender, correr, responder, trabajar, escuchar, ver

Cápsula cultural

Tapas anyone?

F eeling hungry? It's after 6:00 and hours before supper time. In Spain or Latin America supper is not served until after 9:00 P.M. What to do? To fill the long gap of time between the meals of lunch and supper, a late afternoon snack called **la merienda** was devised. The people of Madrid, for example, go to snack bars called **tascas** to feast on **tapas**—small portions of food similar to hors d'oeuvres, piled high in little dishes along the bars. These tidbits of cheese, meat, or seafood are set out in large trays and eaten as snacks with wine. There are platters of grilled shrimp, stuffed olives and mushrooms, spicy sausage bits, potato omelet wedges, shish kebobs, plates of mussels and squid.

Tapa, which means "lid" or "cover," comes from a tradition started hundreds of years ago in Spain. When you went into a Spanish inn and ordered a glass of wine, it was the custom to cover the glass with a piece of bread to keep the flies out. Innkeepers got more elaborate by putting pieces of food on top of the bread. In time, the bread was replaced by a dish with small portions of food. Today a customer chooses what he or she likes and asks for **una ración,** a portion. One can go from **tasca** to **tasca** and order a glass of wine and some **tapas** in each one. A snack bar will sometimes give a dish a humorous name. In one place, the **pescaditos fritos** (*small fried fish*) are called **"los que no quiere el gato"** (*those which the cat doesn't want*). In the hours before Spain's late supper, the tapas bars are filled with young and old alike.

Getting hungry? Be careful. Once you start nibbling on this endless variety of tasty snacks, it's very hard to stop.

Here is a sampling of tapas:

Gambas a la plancha (*large grilled shrimp*)

Aceitunas rellenas (*stuffed olives*)

Chorizos calientes (*fried sausages*)

Calamares en su tinta (*boiled squid*)

Tortilla de patatas (*potato and onion omelet*)

Comprensión

1. In Spain and Latin America, supper is often not served until after
   _____.

2. The **merienda** is _____.

3. Hundreds of years ago, it was the custom to cover a glass of wine with
   _____.

4. **Una ración** is _____.

5. **Chorizos** are Spanish _____.

Investigación

Find out more about Spanish cooking. How does it differ from Mexican food?
What are some Spanish specialties—**arroz con pollo, paella,** etc.?

VOCABULARIO

aprender *to learn*	**creer** *to believe*	**vender** *to sell*
beber *to drink*	**leer** *to read*	**ver** *to see*
comer *to eat*	**querer** *to want*	**bonito(a)** *beautiful, pretty*
comprender *to understand*	**responder** *to answer*	**cada** *each*
correr *to run*	**saber** *to know*	**medio(a)** *half*

La descripción

How to Describe Things in Spanish

 **Vocabulario**

Can you figure out the color of each object?

El tomate es rojo.

La banana es amarilla.

El gato es negro.

La leche es blanca.

El chocolate es marrón.

La naranja es anaranjada.

El elefante es gris.

La planta es verde.

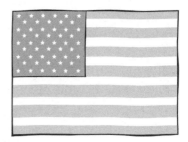

La bandera es roja, blanca y azul.

Change the words in bold type to make the sentences true.

1. El tomate es **amarillo.**

   _____

2. La banana es **roja.**

   _____

3. La leche es **anaranjada.**

   _____

4. La planta es **blanca.**

   _____

5. La aspirina es **roja.**

   _____

6. La naranja es **azul.**

   _____

7. El café con leche es **negro.**

   _____

8. El limón es **marrón.**

   _____

2   Colors are adjectives. Adjectives describe people and things. Have you been observant? How do you say in Spanish "The tomato is red"? _____ What gender is **el tomate**? _____ Which letter does the Spanish masculine form of *red* end in? _____

Adjectives that end in **-o** when describing a masculine noun end in **-a** when describing a feminine noun.

El automóvil es blanco.   *The car is white.*
La pluma es blanca.   *The pen is white.*

What happens when the adjective doesn't end in **-o**? Let's look again at the examples:

El limón es *verde.*   **La hoja es** *verde.*
El cielo es *azul.*   **La bandera es roja, blanca y** *azul.*

What do you notice about the adjectives *verde* and *azul*?_____

 When an adjective in the masculine ends in any letter other than **-o**, the feminine form is the same.

NOTE: There is one important exception. Most adjectives of nationality, whatever their masculine form, have feminine forms ending in **-a**:

español   **española**   *Spanish*
francés   **francesa**   *French*
alemán   **alemana**   *German*

Examples:

Juan es *español*   **Juana es** *española.*
Pierre es *francés*   **Monique es** *francesa.*

¿De qué color? What color are some of the things you own?

1. Mi bicicleta es_____.

2. Mi libro de español es_____.

3. Mi teléfono celular es_____.

4. Mi casa es_____.

5. Mi lápiz es_____.

Colors are not the only adjectives that describe things. Here are a few more.

bonito

feo

grande

pequeño

inteligente

tonto

rico

pobre

moreno

rubio

gordo

flaco

fuerte

débil

alto

bajo

largo

corto

fácil

difícil

viejo

joven

nuevo

Actividad C

Here's a list of Spanish adjectives that are similar to English adjectives. Use each with a singular noun. Do not use the same noun more than once.

EXAMPLE: argentino(a)   **un hombre argentino**

1. mexicano(a) _____

2. atractivo(a) _____

3. delicioso(a) _____

4. diferente _____

5. elegante _____

6. excelente _____

7. famoso(a) _____

8. horrible _____

9. inmenso(a) _____

10. importante _____

Actividad D

You are making some observations about people and things. Complete the sentence with the correct form of the adjective.

1. Jorge es rico; Carmen también es _____.

2. Mi hermano es alto; mi hermana también es _____.

3. La casa es bonita; el jardín también es _____.

4. El español es fácil; la biología también es _____.

5. El taxi es amarillo; la banana también es _____.

6. La hamburguesa es deliciosa; el sándwich también es _____.

7. El presidente es importante; la secretaria también es _____.

8. La novela es magnífica; el programa también es _____.

9. Juan es moreno; Lola también es _____.

10. El tigre es fuerte; la pantera también es _____.

Actividad E

You are asked to give your opinion about some people and things. Complete the sentence with the correct Spanish form of the adjective in parentheses.

1. (*big*) El restaurante es _____.

2. (*important*) El español es una lengua _____.

3. (*difficult*) La pregunta no es _____.

4. (*immense*) El parque es _____.

5. (*elegant*) La profesora es _____.

6. (*small*) Mi madre es _____.

7. (*Spanish*) La bandera es _____.

8. (*strong*) El tigre es _____.

9. (*fat*) Mi gato es _____.

10. (*weak*) Mi hermano es muy _____.

4 You already know that adjectives agree in gender with the nouns they describe. Now look at these sentences:

I	II
El tomate es rojo.	**Los tomates son rojos.**
La banana es amarilla.	**Las bananas son amarillas.**

How many things are we describing in Group I? _____ How many things are we describing in Group II? _____ Which letter did we add to the adjective to express that we are describing more than one? _____

Complete these sentences:

La hoja es verde.   Las hojas son _____.
Mi hermano es moreno.   Mis hermanos son _____.

Now look at these examples:

La bicicleta es azul.   **Las bicicletas son azules.**
El muchacho es popular.   **Los muchachos son populares.**

Which letters did we add to the adjectives to express that we are describing more than one? _____

Complete these sentences:

El profesor es español.   Los profesores son _____.
La lección es fácil.   Las lecciones son _____.

> Adjectives in Spanish agree in GENDER (masculine or feminine) and NUMBER (singular or plural) with the person or thing they describe. If the adjective ends in a vowel, add **s** in the plural. If the adjective ends in a consonant, add **es** in the plural.

5   One more point. Where are adjectives placed in Spanish? Usually AFTER the noun:

Tengo un lápiz *negro*.   *I have a black pencil.*
Preparo una lección *difícil*.   *I'm preparing a difficult lesson.*
Los perros *grandes* **comen mucho.**   *Large dogs eat a lot.*

Describe each noun with a Spanish adjective.

1. el gato _____   3. el jardín _____

2. el presidente _____   4. la leche _____

Actividad F

Now use each adjective with a plural noun.

EXAMPLE: inteligente   **los perros inteligentes**

1. importante _____

2. interesante _____

3. magnífico(a) _____

4. moderno(a) _____

5. necesario(a) _____

6. normal _____

7. ordinario(a) _____

8. perfecto(a) _____

9. popular _____

10. romántico(a) _____

11. sociable _____

12. estudioso(a) _____

Actividad G

Write the correct sentence under each picture.

La señora rica toma un taxi.
Usted tiene dos gatos flacos.
José es bajo y María es alta.
Mis hermanos son jóvenes.
El joven lleva una gorra negra.

La pregunta es difícil.
Como un sándwich delicioso.
Mis abuelos son viejos.
La mochila es inmensa.
El jardín tiene rosas blancas.

1. _____

2. _____

3. _____

4. _____

5. _____

6. _____

7. _____

8. _____

9. _____

10. _____

Match the adjectives in the right column with the nouns on the left. Write the matching letter in the space provided.

1. los gatos _____
2. la calle _____
3. las plantas _____
4. el restaurante _____
5. el café _____
6. los hoteles _____
7. el monstruo _____
8. la lección _____
9. los periódicos _____
10. la leche _____

a. feo
b. blanca
c. flacos
d. populares
e. pequeño
f. modernos
g. negro
h. difícil
i. tropicales
j. famosa

Underline the adjective that correctly describes the subject.

1. La avenida es (grande, grandes).
2. Mi hermana María es (bonito, bonita, bonitos, bonitas).
3. Los hombres son (rico, rica, ricos, ricas).
4. Las lecciones son (difícil, difíciles).
5. Los árboles son (verde, verdes).
6. El gato es un animal (pequeño, pequeña, pequeños, pequeñas).
7. El señor López es un profesor (inteligente, inteligentes).
8. Yo bebo café (italiano, italiana, italianos, italianas).
9. Tengo una pluma (rojo, roja, rojos, rojas).
10. Estudio en una escuela (importante, importantes).

Pronunciación

Letter	Pronunciation	English example of sound	Spanish examples
qu (before e, i)	k	Albuquerque	que, queso quinoto

Enrique quiere una quesadilla.

Quique quiere quinotos.

Here's a story with lots of adjectives:

El Bosque de Chapultepec

La Ciudad de México es la ciudad más **grande** del mundo. En la ciudad hay muchas cosas **interesantes:** hoteles **modernos,** teatros **importantes,** restaurantes **excelentes** y parques **bonitos.**

la ciudad más grande *the biggest city* **el mundo** *the world*

Un parque **famoso** es el Bosque de Chapultepec. Es el parque más **grande** y más **visitado** de una ciudad. Dentro del parque **enorme** hay ocho museos, tres lagos, un zoo, un parque de atracciones, una sala para conciertos, una residencia para el presidente, un castillo y un jardín **botánico.** El jardín es un festival de colores. Hay flores **rojas, blancas, amarillas** y **rosadas** y plantas **verdes** de todas clases.

dentro *within*

atracciones *amusement* **sala** *hall*

En una ciudad con mucho ruido, mucho tráfico y mucha contaminación del aire a causa de tantos automóviles, el parque es un oasis de aire **puro** y de paz.

ruido *noise* **a causa de** *because of* **la paz** *peace*

Complete the sentences based on the previous text.

1. La Ciudad de México es la ciudad _____ del mundo.

2. En la capital hay hoteles _____ y restaurantes
   _____.

3. Un parque famoso de la ciudad es el _____.

4. Dentro del parque hay _____ museos, _____
   lagos, una sala para _____, una residencia para el
   _____ y _____ castillo.

5. En el _____ hay muchos animales exóticos.

6. En un jardín botánico hay muchas _____ y _____.

7. Rojo, blanco, amarillo, verde y rosado son _____.

8. En una ciudad grande hay mucho _____ y _____.

9. Los autómoviles causan _____.

10. Los parques con plantas y árboles son importantes para tener aire
    _____.

Actividad K

Work with a partner who plays the role of an exchange student. He/she asks you
the following. Answer in a complete sentence.

1. ¿La ciudad de Nueva York es grande o pequeña?

_____

2. ¿Las clases de la escuela son fáciles o difíciles?

_____

3. ¿Son los automóviles modernos o antiguos en tu ciudad?

_____

4. ¿Son los edificios altos o bajos en la ciudad de Nueva York?

_____

5. ¿De qué color son las computadoras en la escuela?

_____

6. ¿Cómo (_How_) son las hamburguesas de la cafetería?

_____

7. ¿De qué color son los taxis en tu ciudad?

_____

8. ¿De qué color es la bandera de los Estados Unidos?

_____

9. ¿Cómo son los atletas en la escuela?

_____

10. ¿Hay estudiantes españoles o alemanes en la escuela?

_____

Para conversar

¿Quién es? Describe a famous person without saying his/her name. Use as many adjectives as possible. The one who discovers the mystery person has the next turn.

CONVERSACIÓN

Vocabulario

Disculpe usted. *Excuse me.*
cerca de *near*
lejos de *far from*

Muchísimas gracias. *Thank you very much.*
el joven *young man*
Para servirle. *At your service.*

DIÁLOGO

Complete the conversation with expressions you have learned so far.

Información personal

Using an adjective, describe the following in a complete sentence.

EXAMPLE: type of food you like
Los tacos son deliciosos.

1. a class that you enjoy

2. means of transportation you use to get to school

3. a pet that you have or you would like to have

4. a person that you admire

5. a place you like to go to

6. a famous landmark in your city

1. You want to join an exclusive club and are asked to give a brief description of yourself. Using some of the adjectives you have learned, write five sentences about yourself.

2. Review lessons 5-8 and make a list of what you think was difficult for you. Formulate your own rules and possible solutions to your problems. Share your report with your teacher or classmates.

3. Using cardboard, paste pictures of two persons (neighbors, family members, famous actor/singer) or two animals or things and write a description as accurate as you can. You may also combine one person/one animal, if you wish.

4. Without looking at the book, make four groups of words according to the following topics: numbers, time, activities, and description. For the numbers, you may just pick two telephone numbers you know and write them out in Spanish, digit by digit. Use any technique you wish to test yourself on telling the time, but you may combine activities, description, and time. Here is an example: **El atleta alto corre en el parque a las cinco y media.** (*The tall athlete runs in the park at five thirty.*)

Cápsula cultural

Las actividades extracurriculares

What's your favorite subject in school? (Don't say lunch!) In the Spanish-speaking world, in addition to main subjects such as **matemáticas, ciencias sociales, ciencias naturales,** and **español,** public schools offer extracurricular activities such as **artes, teatro, música, deportes,** and world languages. These activities outside of the major subjects are normally considered less important than academics. If a student wishes to specialize in any one of these activities, he or she would have to pay for private lessons, or join a **club deportivo** or **instituto de arte** *(sports or arts club)* outside of the public system.

When it comes to sports, the majority of participants and/or fans in the Hispanic world enjoy **fútbol** *(soccer)*. **El baloncesto** or **basquetbol,** for both girls and boys is also very popular. Some sports, such as **hockey sobre césped** *(field hockey)* for girls and **rugby** for boys are considered elite and reserved for the weekends. These players are responsible for their own transportation and must become a member of a particular sports club in order to train or compete.

Studying another language is also an important activity in **España, México, Sudamérica,** and **Centroamérica.** The acquisition of a second language, especially *English* is considered a valuable skill because of its significance in the global market. Although *English* is taught in public schools, students interested in achieving English proficiency will take intensive English as a Second Language (ESL) classes at a private **Academia de inglés.**

Comprensión

1. In the Spanish-speaking world, major subjects include: _____.

2. If a student wishes to practice a sport outside school, he/she may join a
   _____.

3. Public schools offer extracurricular activities such as _____
   and _____.

4. The most popular sport in the Hispanic world is _____.

5. In the Hispanic world, students take English classes at a private
   _____.

Investigación

Why has studying English become a common practice in other countries? Do you study Spanish for similar reasons? Why do you think it is useful to learn a second language?

VOCABULARIO

bajo *short*
bonito(a) *beautiful, pretty*
corto(a) *short*
difícil *difficult*
tonto(a) *silly, fool*
fácil *easy*
feo(a) *ugly*
flaco(a) *skinny, slim*
fuerte *strong*
inteligente *intelligent*
gordo(a) *fat*

grande *big*
joven *young*
largo(a) *long*
moreno(a) *brunette*
nuevo(a) *new*
pequeño(a) *small*
pobre *poor*
rico(a) *rich*
rubio(a) *blonde*
viejo(a) *old*

amarillo(a) *yellow*
anaranjado(a) *orange*
azul *blue*
blanco(a) *white*
gris *gray*
marrón *brown*
negro(a) *black*
rojo(a) *red*
verde *green*

Disculpe. *Excuse me.*
Muchísimas gracias. *Thank you very much.*
Para servirle. *At your service.*

allí *there*
cerca de *near*
la ciudad *city*
lejos de *far from*
la paz *peace*

Repaso II

Lección 5

0	cero				
1	uno	11	once	21	veintiuno
2	dos	12	doce	22	veintidós
3	tres	13	trece	23	veintitrés
4	cuatro	14	catorce	24	veinticuatro
5	cinco	15	quince	25	veinticinco
6	seis	16	dieciséis	26	veintiséis
7	siete	17	diecisiete	27	veintisiete
8	ocho	18	dieciocho	28	veintiocho
9	nueve	19	diecinueve	29	veintinueve
10	diez	20	veinte	30	treinta

+ *y* ÷ *divido por*

− *menos* = *es, son*

× *por*

Lección 6

a. Time is expressed as follows:

¿Qué hora es?	What time is it?
Es la una.	It's one o'clock.
Son las dos.	It's two o'clock.
Son las dos y diez.	It's 2:10.
Son las dos y cuarto.	It's 2:15.
Son las dos y media.	It's 2:30.
Son las tres menos veinte.	It's 2:40.
Es mediodía.	It's 12 noon.
Es medianoche.	It's 12 midnight.
Son las seis de la mañana.	It's 6 A.M.
Son las cuatro de la tarde.	It's 4 P.M.
Son las ocho de la noche.	It's 8 P.M.

b. To express "at" a specific time, use **a:**

—**¿A qué hora preparas las tareas?** —**A las ocho de la noche.**

Lección 7

a. To conjugate an **-er** verb, drop **-er** from the infinitive (the form of the verb before conjugation) and add the appropriate endings:

EXAMPLE: **comprender**

If the subject is	**yo**	add **o**	to the remaining stem:	**comprendo**
	tú	es		comprendes
	usted	e		comprende
	él	e		comprende
	ella	e		comprende
	nosotros	emos		comprendemos
	nosotras	emos		comprendemos
	ustedes	en		comprenden
	ellos	en		comprenden
	ellas	en		comprenden

irregular **-er** verbs

querer *to want*		**saber** *to know*		**ver** *to see*	
yo	quiero	yo	sé	yo	veo
tú	quieres	tú	sabes	tú	ves
él, ella, Ud.	quiere	él, ella, Ud.	sabe	él, ella, Ud.	ve
nosotros(as)	queremos	nosotros(as)	sabemos	nosotros(as)	vemos
ellos(as), Uds.	quieren	ellos(as), Uds.	saben	ellos(as), Uds.	ven

b. The preposition **a** is placed before the direct object if the direct object is a person or a pet. This **a** is called the "personal **a**":

Yo veo *a* **mi amigo.**
Pedro visita *a* **la muchacha.**
Carmen ama *a* **su gato.**

The combination **a + el** forms the contraction **al**:

Escuchamos *al* **profesor.**

Lección 8

a. Adjectives agree in GENDER and NUMBER with the nouns they describe. If the noun is feminine, the adjective is feminine. If the noun is masculine, the adjective is masculine. If the noun is plural, the adjective is plural:

El libro es famoso.　　　　**Los libros son famosos.**
La escuela es moderna.　　**Las escuelas son modernas.**

b. Adjectives that do not end in **-o** have the same form in the masculine and feminine, except most adjectives of nationality, which have feminine forms in **-a**:

El actor es inteligente.　　**La actriz es inteligente.**
El actor es español.　　　　**La actriz es española.**

c. If an adjective ends in a consonant, add **es** in the plural:

El disco es popular.　　　　**Los discos son populares.**
La pregunta es difícil.　　　**Las preguntas son difíciles.**

d. Spanish adjectives usually follow the noun:

El presidente norteamericano está en la Casa Blanca.

Here are ten pictures of people doing things. Complete the description below each picture by using the correct form of one of the verbs.

| aprender | comer | correr | responder | vender |
| beber | comprender | leer | saber | ver |

1. María _____ una soda.

2. El muchacho no _____ alemán.

3. Yo _____ un sándwich delicioso.

4. José y yo _____ en el parque.

5. Nosotros _____ un periódico.

6. Ricardo _____ matemáticas en la escuela.

7. El hombre _____ gorras de béisbol.

8. Marta _____ bien en clase.

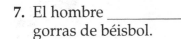

9. Los niños _____ el avión en el cielo.

10. El policía _____ la dirección del cine.

Actividad B

Buscapalabras. Hidden in the puzzle are 10 adjectives, 4 verbs, 4 nouns, and 2 numbers. Circle them and list them below. The words may be read from left to right, right to left, up or down, or diagonally.

```
A  M  U  N  D  O  D  R  O  G
Z  M  L  A  G  O  N  U  B  T
U  D  A  F  D  R  I  C  O  R
L  E  E  R  V  E  R  C  N  E
P  G  R  E  I  H  A  D  I  I
F  G  B  B  C  L  M  O  T  N
Á  N  O  A  F  P  L  S  O  T
C  P  P  S  R  S  C  O  S  A
I  A  P  R  E  N  D  E  R  X
L  Z  V  E  R  D  E  F  A  L
```

10 adjectives (3 are colors)	4 verbs	4 nouns	2 numbers
_____	_____	_____	_____
_____	_____	_____	_____
_____	_____	_____	
_____	_____		
_____	_____		

Crucigrama

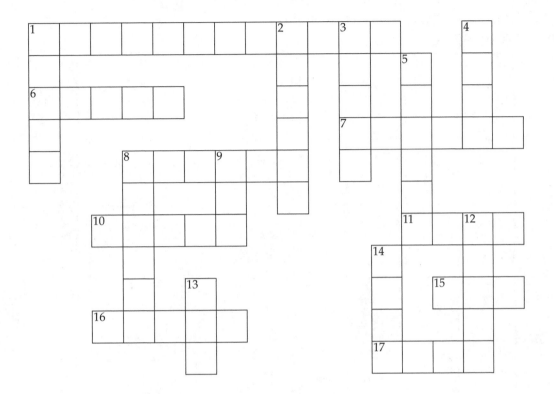

HORIZONTAL	VERTICAL
1. supermarket	**1.** to know
6. to drink	**2.** meal, food
7. money	**3.** where?
8. city	**4.** to read
10. (you) pass	**5.** to sing
11. rich	**8.** four
15. one	**9.** two
16. young	**12.** five
17. tall	**13.** they see
	14. red (*fem.*)

Actividad D

Would you like to tell your future? Follow these simple rules to see what the cards have in store for you. Choose a number from two to eight. Starting in the upper left corner and moving from left to right, write down all the letters that appear under that number.

tres F	cuatro B	ocho M	siete B	cinco F	seis A	siete U	seis M
dos Ó	siete E	ocho H	dos L	siete N	tres L	cuatro E	siete O
cuatro U	seis O	ocho U	dos D	seis R	ocho C	tres E	cinco A
cuatro N	siete S	cinco M	cuatro A	siete A	ocho O	cinco I	seis E
cinco L	tres I	cinco I	dos A	cinco A	cinco G	tres C	cuatro S
dos R	ocho D	seis T	tres I	cuatro A	siete M	seis E	cuatro L
siete I	ocho I	cuatro U	dos E	siete G	seis R	ocho N	tres D
ocho E	cinco R	siete O	cinco A	ocho R	cuatro D	tres A	dos S
cinco N	seis N	siete S	tres D	seis O	cinco D	ocho O	cinco E

All the following people are saying some numbers. What are they?

1. _____

2. _____

3. _____

4. _____

5. _____

6. _____

Actividad F

Give the times in Spanish.

1. _____

2. _____

3. _____

4. _____

5. _____

6. _____

7. _____

8. _____

Actividad G

Acróstico. This puzzle contains eight useful expressions. Fill in the Spanish words, then read down the boxed column to find out to whom you would say them.

1. __ __ __ __ __ __ __ __ __ __

2. __ __ __ __ __ __ __

3. __ __ __ __ __ __ __ __ __

4. ¿__ __ __ __ __ __ __ __ __ __ __ __ ?

5. __ __ __ __ __ __ __

6. __ __ __ __ __

7. ¿__ __ __ __ __ __ __ __ ?

8. __ __ __ __ __ __ __ __ __ __

1. Good morning.

2. You're welcome.

3. See you tomorrow.

4. What's your name?

5. Thanks.

6. Goodbye.

7. How are you?

8. At your service.

Picture Story. Can you read this story? Much of it is in picture form. When you come to a picture, read it as if it were a Spanish word.

En hay muchas   grandes. En las

ciudades hay muchas cosas interesantes: modernos,

  excelentes,   importantes y

  bonitos. En los parques hay y

bonitas. Para ir a las partes diferentes de la , los y las

usan varios medios de transporte. María usa el , Juan el .

Francisco toma un . Roberto tiene un pequeño que no usa mucha

 . Pepito es un de años. Él no tiene mucho .

Tiene una para ir a la .

Tercera Parte

9

"Ser o no ser"

Professions and Trades; The Verb **ser**

1 Vocabulario

el profesor

la profesora

el médico

la médica

el dentista

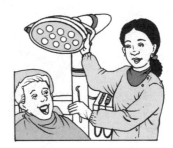

la dentista

el secretario

la secretaria

el artista

la artista

el actor

la actriz

el camarero

la camarera

el enfermero

la enfermera

el abogado

la abogada

el policía

la policía

el cartero

la cartera

el bombero

Actividad Ⓐ

¿Quién es? (*Who is it?*) The people in your family have different professions. Match their occupation with the correct picture.

el dentista	**la médica**	**la abogada**	**el bombero**
el policía	**el secretario**	**la enfermera**	**el cartero**
la actriz	**la profesora**		

1. _____

2. _____

3. _____

4. _____

5. _____

6. _____

7. _____

8. _____

9. _____

10. _____

Actividad B

With a partner. Take turns identifying the following professions. Follow the example.

EXAMPLE: **¿Quién es?**
Es la abogada.

1. _____

2. _____

3. _____

4. _____

5. _____

6. _____

7. _____

8. _____

9. _____

10. _____

Para conversar en clase

Now that you know the names of many different professions, choose five and tell something about each one.

EXAMPLE: **El médico trabaja en el hospital.**

2 One of the most important words in the Spanish language is the verb **ser** (*to be*). **Ser** is a special verb because no other verb is conjugated like it. For this reason, **ser** is called irregular. You must memorize all its forms.

yo	**soy**	*I am*
tú	**eres**	*you are* (familiar)
Ud.	**es**	*you are* (formal)
él } ella }	**es**	*he is* *she is*
nosotros } nosotras }	**somos**	*we are*
Uds.	**son**	*you are* (plural)
ellos } ellas }	**son**	*they are*

Here are some examples with the various forms of the verb **ser.**

Yo soy alto.

Tú eres bonita.

Ud. es profesor.

Él es inteligente.

Ella es doctora.

Nosotras somos mexicanas.

Uds. son secretarias.

Ellos son famosos.

Ellas son estudiantes.

Here are some sentences in which a form of the verb **ser** is used. Can you match these sentences with the pictures they describe?

Lobo es un perro pequeño.
Los edificios son grandes.
Yo soy presidenta de la clase.
Ellos son inteligentes.
Carlos es alto y flaco.

Mis abuelos son actores de cine.
Ud. es una persona alegre.
Nosotras somos amigas.
La casa es fea y vieja.
Él es un artista famoso.

1. _____

2. _____

3. _____

4. _____

5. _____

6. _____

7. _____

8. _____

9. _____

10. _____

Actividad D

Choose five people and express their professions in complete sentences.

EXAMPLE: **Tom Cruise es actor.**

1. _____

2. _____

3. _____

4. _____

5. _____

Actividad E

You have a pen pal in Peru who wants to know details about your family. Complete these sentences with the correct form of the verb **ser.**

1. Mi padre _____ abogado.

2. Mi padre _____ español y mi madre _____ norteamericana.

3. Mi hermano y yo _____ rubios.

4. Mis padres también _____ rubios.

5. Nosotros no _____ altos.

6. Yo _____ flaco, pero mi hermano _____ gordo.

7. Mis dos hermanas _____ enfermeras; ellas _____ muy inteligentes.

8. ¿Cómo _____ tú? ¿_____ alto o bajo, flaco o gordo?

9. Tú _____ mi amigo. Tú _____ peruano, yo _____ norteamericano.

Actividad F

After you visit your friend Gerardo, your mother asks about him and his family. Answer in complete sentences.

EXAMPLE: ¿Es Gerardo simpático o serio?
Gerardo es simpático.

1. ¿Es la madre de Gerardo policía o dentista?

   _____

2. ¿Es el hermano de Gerardo sociable o tímido?

   _____

3. ¿Son los perros de la familia grandes o pequeños?

   _____

4. ¿Es la casa de Gerardo moderna o antigua?

   _____

5. ¿Son las hermanas de Gerardo altas o bajas?

   _____

6. ¿Es el padre de Gerardo norteamericano o mexicano?

   _____

Pronunciación

Letter	Pronunciation	English example of sound	Spanish examples
b, v	always b	book	beso, vamos, vaca, bolero

Violeta baila el vals.

Read a conversation between Juan Alemán, a new boy in school, and Mr. López, the teacher of the class. Mr. López is in for a surprise.

Un alumno nuevo

EL PROFESOR LÓPEZ: **Ah,** un alumno nuevo. Buenos días, joven. ¿Cómo se llama?

JUAN: Me llamo Juan Alemán y **soy** de México.

EL PROFESOR LÓPEZ: Bienvenido. Yo **soy** el profesor López. ¿Hablas inglés, Juan?

JUAN: No mucho. En casa solamente hablamos español.

solamente *only*

EL PROFESOR LÓPEZ: ¿Tu familia está aquí también?

JUAN: No todos. Mis hermanos están en Veracruz.

EL PROFESOR LÓPEZ: ¿Dónde trabaja tu padre?

JUAN: Mi padre **es mecánico** y trabaja en una estación de servicio.

EL PROFESOR LÓPEZ: ¿Y tu mamá?

JUAN: Mi mamá **es enfermera** y trabaja en un hospital.

EL PROFESOR LÓPEZ: Muy bien, Juan. Los alumnos de la clase **son** muy buenos y simpáticos. Ellos saben que tú **eres** nuevo y que necesitas amigos.

bueno *good*
simpático *nice*

JUAN: ¿Amigos? (Yo) no necesito amigos. Todos mis primos de Veracruz están aquí en la clase.

Actividad G

These statements are based on the dialog you have just read. Read a statement to a classmate, who will say **Cierto** if it is true, or **Falso** if it is false. If the statement is false, your partner will correct the statement.

1. Juan Alemán es el profesor de la clase.

_____

2. El señor López es el tío de Juan.

_____

3. El profesor López habla español.

_____

4. Juan Alemán habla inglés en casa.

_____

5. La madre de Juan no trabaja.

_____

6. El padre de Juan trabaja en un hospital.

_____

7. Los alumnos de la clase son simpáticos.

_____

8. Juan necesita estudiar todos los días.

_____

9. Juan necesita amigos en la clase.

_____

Actividad **H**

With a partner, take turns asking and answering the following questions in complete sentences.

1. ¿Quién es Juan Alemán?

_____

2. ¿Qué idioma habla la familia de Juan?

_____

3. ¿Qué idiomas habla el profesor López?

_____

4. ¿Dónde trabaja el padre de Juan?

_____

5. ¿Dónde trabaja la madre de Juan?

_____

6. ¿Cómo son los alumnos de la clase?

_____

Vocabulario

Bienvenido(a). *Welcome.*
No importa. *It doesn't matter.*
sólo *only*

Complete the dialog.

Información personal

Interview your partner. Take turns asking and answering the following questions.

1. ¿Cómo eres?

_____

2. ¿Qué deseas ser?

_____

3. ¿Dónde trabaja un miembro de tu familia?

_____

4. ¿Cómo es tu persona o animalito favorito?

_____

5. ¿Qué es necesario hacer todos los días?

_____

Work with a partner. **¿Quién soy yo?** Taking turns, act out a profession and your partner has to guess your profession: **"Tú eres policía."** You respond: **"Sí, soy policía,"** or **"No, no soy policía; soy cartero(a)."** depending on whether the guess was right or wrong.

1. Write about people you know—family members, friends, classmates, etc. Say what they do, where they work and so on.

2. List in Spanish five professions or occupations that interest you. Next to each, write a sentence that describes a person involved in that profession or says something about the profession.

EXAMPLE: profesor   **Un profesor trabaja en una escuela.**

	Trabajo		Descripción
1.	_____		_____
2.	_____		_____
3.	_____		_____
4.	_____		_____
5.	_____		_____

 # Cápsula cultural

Rapid Transit Inca-Style

Before the arrival of the Spaniards, the Incas had established the greatest empire in the New World. It stretched from the north of Ecuador to the center of Chile, a distance of almost 5,000 miles. Its population was estimated to be about six million people.

The Incas were remarkable architects and engineers. Without the use of the wheel or powerful animals such as horses, they constructed monumental buildings, bridges, aqueducts, and stone-paved highways.

But perhaps the most remarkable aspect of Inca civilization was the efficiency of its transport system. This vast empire was connected by an 11,000-mile network of highways. Messages and goods were sent from one place in the empire to another with amazing speed. A message could be sent over more than a thousand miles in a matter of days. Fresh fish was brought from the coast to the capital of Cuzco–a distance of approximately 150 miles!–in only two days. Without the use of animals, how was this possible?

The Incas developed a delivery system much like the Pony Express of the Wild West of the United States–but without ponies. Professional runners called **"chasquis"** formed relay teams to deliver messages and goods. Relay stations were set up along the roads at intervals of three miles. The **chasquis**–young Inca athletes– passed the messages from one runner to another at each relay station.

Equally amazing was the system the Incas developed to record their messages. The runners carried **"quipus"**–strings with knots of different colors. Each knot stood for a word or number. The knot could then be translated into messages containing all kinds of information. The strings were attached to rods which were then passed from runner to runner.

Comprensión

1. The vast Inca empire stretched for a distance of almost _____ miles.

2. The Incas were great architects and engineers, constructing such things as _____.

3. The empire was connected by _____.

4. **Chasquis** were professional _____.

5. Strings of knots of different color containing messages were called _____.

Investigación

What other accomplishments did the Incas achieve? What is Machu Picchu? What is its importance?

VOCABULARIO

el (la) abogado(a) *lawyer*
el actor *actor*
la actriz *actress*
el (la) artista *artist*
el bombero *fire fighter*
el/(la) camarero(a) *waiter/waitress*
el/(la) cartero(a) *mail carrier*

el/(la) dentista *dentist*
el/(la) enfermero(a) *nurse*
el (la) médico(a) *physician*
el (la) policía *police officer*
el (la) profesor(a) *teacher*
el (la) secretario(a) *secretary*

alegre *happy*
bueno(a) *good*
ser *to be*
si... *if. . .*
simpático(a) *nice*
solamente *only*

Más actividades

Present Tense of -IR Verbs

1 Vocabulario

This new group of verbs belongs to the **-ir** conjugation. See if you can guess their meaning.

abrir la puerta

cubrir los ojos

describir la pintura

dividir el pastel

escribir una composición

recibir una carta

subir al autobús

vivir en una casa

Do you recall what you did with **-ar** and **-er** verbs when you used them? You dropped the **-ar** or **-er** ending from the infinitive and added certain endings.

hablar *to speak*

yo	hablo
tú	hablas
Ud.	habla
él ella	} habla
nosotros nosotras	} hablamos
Uds.	hablan
ellos ellas	} hablan

vender *to sell*

yo	vendo
tú	vendes
Ud.	vende
él ella	} vende
nosotros nosotras	} vendemos
Uds.	venden
ellos ellas	} venden

We do the same things with **-ir** verbs. Here is an example:

escribir *to write*

yo	escribo	*I write, I am writing*
tú	escribes	*you write, you are writing* (familiar)
Ud.	escribe	*you write, you are writing* (formal)
él ella	} escribe	*he writes, he is writing* *she writes, she is writing*
nosotros nosotras	} escribimos	*we write, we are writing*
Uds.	escriben	*you write, you are writing* (plural)
ellos ellas	} escriben	*they write, they are writing*

If you compare the **-er** and the **-ir** verbs, almost all the endings are the same. The only exception is the **nosotros** form. In this form, the **-er** ending is **-emos** but the **-ir** ending is **-imos**.

Let's do another one. Add the proper endings.

abrir *to open*

yo   abr _____

tú   abr _____

Ud.   abr _____

él   ⎫
     ⎬   abr _____
ella ⎭

nosotros ⎫
         ⎬ abr _____
nosotras ⎭

Uds.   abr _____

ellos ⎫
      ⎬   abr _____
ellas ⎭

Actividad A

Match the Spanish sentences with the English meanings. Write the matching letter in the space provided.

1. Yo subo al autobús. _____   a. They are writing a composition.

2. Juan no vive aquí. _____   b. He divides the fruit.

3. Nosotras describimos la fotografía. _____   c. I get on the bus.

4. Ellas escriben una composición. _____   d. The teacher opens the window.

5. Él divide la fruta. _____   e. The student writes a sentence.

6. El profesor abre la ventana. _____   f. John doesn't live here.

7. Las muchachas reciben flores. _____   g. You and I cover the chairs.

8. Ustedes no cubren su automóvil. _____   h. We are describing the photograph.

9. El alumno escribe una frase. _____   i. You don't cover your car.

10. Usted y yo cubrimos las sillas. _____   j. The girls receive flowers.

Actividad B

Match the sentences with the pictures they describe.

Yo recibo una invitatión.
Tú cubres tu automóvil.
El señor González abre la tienda.

Usted vive en un apartamento.
Los gatos suben al árbol.
Nosotros dividimos diez por dos.

1. _____

2. _____

3. _____

4. _____

5. _____

6. _____

 **4**   Here is one more important **-ir** verb: **salir** (*to leave, to go out*). **Salir** is different because it has an irregular **yo** form: **salgo.** All the other forms are regular.

yo salgo

But

tú sales
Ud., él, ella sale
nosotros(as) salimos
Uds., ellos, ellas salen

Complete the following sentences with the correct form of **salir.**

1. Nosotros _____ a las ocho.

2. ¿ _____ Ud. mañana para Madrid?

3. Yo _____ de la oficina.

The verb **salir** is followed by **de** if you mention the place you are "going out of."

Yo salgo ahora.   *I'm leaving (going out) now.*
  But
Yo salgo de la casa ahora.   *I'm leaving the house now.*

NOTE: If **de** comes directly before the article **el,** the two words combine to form the word **del,** that is, **de + el = del.**

Salimos *del* **trabajo a las cinco.**   *We leave work at five.*

Actividad C

Complete the Spanish sentences with the correct forms of **salir.** If **del** is needed, cross out **el.**

1. Los alumnos _____ la escuela a las tres.

2. Yo _____ mi casa a las ocho de la mañana.

3. Ustedes no _____ el cine a las seis.

4. Mi madre _____ al jardín todos los días.

5. Nosotros _____ el teatro.

6. ¿ _____ tú con Roberto?

There is one **-ar** verb and three **-er** verbs which, like **salir**, have an irregular **yo** form.

dar (*to give*)	**yo doy**	*I give*
poner (*to put*)	**yo pongo**	*I put*
saber (*to know*)	**yo sé**	*I know*
traer (*to bring*)	**yo traigo**	*I bring*

Now we are ready to compare all three kinds of verbs: **-ar, -er,** and **-ir:**

	pas**ar**	beb**er**	viv**ir**
yo	pas**o**	beb**o**	viv**o**
tú	pas**as**	beb**es**	viv**es**
Ud.	pas**a**	beb**e**	viv**e**
él ella	pas**a**	beb**e**	viv**e**
nosotros nosotras	pas**amos**	beb**emos**	viv**imos**
Uds.	pas**an**	beb**en**	viv**en**
ellos ellas	pas**an**	beb**en**	viv**en**

For each picture, choose the sentence that best describes it.

1. **a.** Yo escribo en la pizarra.
   b. Yo veo la pizarra.
   c. Yo pregunto en la clase.

2. **a.** Ellos compran discos compactos.
   b. Ellos corren a la tienda.
   c. Ellos compran comida.

3. **a.** Nosotros vendemos la clase.
   b. Nosotros cantamos en la clase.
   c. Nosotros respondemos en la clase.

4. **a.** Él sale ahora.
   b. Él llega ahora.
   c. Él canta ahora.

5. **a.** Ella busca la fiesta.
   b. Ella baila en la fiesta.
   c. Ella sale de la fiesta.

6. **a.** Usted come mucho.
   b. Usted bebe mucho.
   c. Usted trae mucha comida.

7. **a.** Carlos y María cubren la puerta.
   b. Carlos y María viven en la calle.
   c. Carlos y María entran por la puerta.

8. **a.** Rosita escucha música.
   b. Rosita abre la ventana.
   c. Rosita busca la ventana.

9. **a.** Yo camino por la calle.
   b. Yo paso por la calle.
   c. Yo trabajo en la calle.

10. **a.** Francisco sale con los muchachos.
    b. Francisco baila con la muchacha.
    c. Francisco mira a la muchacha.

Using the action indicated, construct a sentence and act out the activity.

EXAMPLE: bailar en la fiesta (Laura)
Laura baila en la fiesta.

1. escribir una frase en la pizarra (el profesor)
2. buscar palabras en el diccionario (el estudiante)
3. leer un libro (el padre)
4. correr en el parque (el perro)
5. abrir la puerta (el monstruo)
6. dividir la pizza (Pablo)
7. comer una banana (el mono)
8. cantar ópera (la mujer)

Complete this composition Romina writes for her Spanish class. Use the correct forms of the verbs in parenthesis.

Nosotros _____ (vivir) en una casa pequeña. Mi padre _____

(salir) de la casa a las siete de la mañana y _____ (tomar) el tren para ir al trabajo. Yo _____ (salir) a las ocho y _____ (caminar) a

la escuela. Mi madre _____ (trabajar) en la cafetería del hospital y mis

hermanos _____ (estudiar) en la universidad.

Ellos siempre _____ (traer) amigos interesantes a la casa.

Yo _____ (aprender) español en la escuela. En casa nosotros

_____ (hablar) solamente inglés y yo no _____ (saber)

mucho español. En la escuela, la profesora _____ (preguntar)

y los alumnos _____ (responder). Todos los días, nosotros

_____ (escribir) una composición. Yo _____ (poner) mi

diccionario en mi escritorio y _____ (buscar) muchas palabras.

Now make complete Spanish sentences with the correct verb form and a closing
element of your choice.

EXAMPLE: (salir) Yo   **Yo salgo de mi casa.**

1. (ver) Nosotros _____.

2. (buscar) Mi hermano _____.

3. (correr) Mi perro _____.

4. (dividir) Ustedes _____.

5. (subir) Tú _____.

6. (dar) Yo _____.

7. (invitar) Nosotros _____.

8. (abrir) Ellas _____.

9. (responder) Usted _____.

10. (vivir) Mis tíos _____.

Pronunciación

Letter	Pronunciation	English examples of sound	Spanish examples
z	ss (Hispanic America) th (Spain)	si<u>x</u>, ba<u>s</u>ic <u>th</u>ink, <u>th</u>in	zapato, manzana, lápiz

Gonzalo López compra zapatos en Venezuela.

Here's a conversation containing **-ar**, **-er**, and **-ir** verbs. Pepe's friends are talking about his family. They are trying to find out what Pepe's parents do for a living. Would you know?

Mucha comida

MARÍA: La familia de Pepe **vive** muy bien. Yo **sé** que **ganan** mucho dinero.

ganar *to earn*

ROBERTO: Sí, ellos **viven** en una casa magnífica con un jardín muy grande. El perro de Pepe siempre **corre** por el jardín.

CARLOS: Y ellos **compran** un automóvil nuevo cada año.

ANA: Las dos hermanas de Pepe —Carmen y Rosa— **son** muy elegantes. Carmen **es** enfermera y **trabaja** en un hospital. Rosa **es** secretaria y también **estudia** en la universidad.

ANTONIO: Ellos siempre **reciben** muy bien a los amigos. Cuando yo **visito** a la familia, la madre de Pepe **cubre** la mesa con un mantel y **pregunta**: ¿Qué deseas **comer**, Antonio? Cuando yo **contesto**, ella **trae** la comida a la mesa. Ellos siempre **comen** y **beben** bien.

la comida *food*

MARÍA: ¿Dónde **trabajan** los padres de Pepe? ¿Qué **crees?**

(**Entra** Pepe.)

ROBERTO: Pepe, ¿dónde **trabajan** tus padres?

PEPE: Mis padres **tienen** un supermercado. ¿Ahora **comprenden** Ustedes por qué siempre **tenemos** mucha comida en mi casa?

tienen *they have*

TODOS: Sí, **comprendemos** perfectamente.

perfectamente *perfectly*

Actividad G

Pick out the **-ar, -er,** and **-ir** verbs in the story and list them in the infinitive form.

-AR verbs	**-ER** verbs	**-IR** verbs
_____	_____	_____
_____	_____	_____
_____	_____	_____
_____	_____	
_____	_____	
_____	_____	
_____		
_____		
	_____	

Actividad H

Based on the previous story, complete the sentences with the correct expression chosen from the words provided.

1. María y Ana son _____ de Pepe.
   a. amigos   b. hermanas   c. tías   d. amigas

2. La familia de Pepe _____ una casa grande.
   a. compra   b. desea   c. vive en   d. vende

3. El automóvil de la familia es _____ .
   a. grande   b. magnífico   c. viejo   d. nuevo

4. Hay _____ hermanas en la familia.
   a. dos   b. tres   c. cuatro   d. cinco

5. La enfermera trabaja en _____ .
   a. el supermercado   b. la casa   c. el hospital   d. el cine

6. Carmen y Rosa son _____ .
   a. hermanas b. tías c. amigas d. enfermeras

7. La secretaria también estudia en _____ .
   a. una tienda b. una oficina c. un teatro d. una universidad

8. La familia de Pepe _____ bien a los amigos.
   a. invita b. aprende c. recibe d. come

9. El dueño de un supermercado _____ muy bien.
   a. corre b. vende c. come d. sale

10. En un supermercado no venden _____ .
    a. soda b. televisores c. frutas d. leche

Work with a partner. Take turns saying and correcting the following statements.

EXAMPLE: Las farmacias venden *automóviles.*
          No, señor. Las farmacias venden *medicinas.*

1. Aprendemos la geografía en *el supermercado.*

2. Los estudiantes bilingües hablan *una lengua.*

3. Bebemos *tacos* en el restaurante mexicano.

4. Venden videojuegos en *el gimnasio.*

5. Los leones y tigres son *plantas tropicales.*

6. Los niños van a la escuela *por la noche.*

7. Las enfermeras trabajan en el *aeropuerto.*

8. La luna sale durante *el día.*

9. Las ciudades grandes tienen edificios *bajos.*

10. Los deportistas profesionales ganan *poco* dinero.

CONVERSACIÓN

Vocabulario

la calle *street*   **para** *for*
su *your* (formal)   **nuestro(a)** *our*

You are the second person in the dialog. Write a suitable response to each question.

Información personal

Interview your partner. Take turns asking and answering the following questions.

1. ¿Quién compra la comida en la casa?

2. ¿Dónde compran ustedes la comida?

3. ¿Qué cosas compran en una tienda o en un supermercado?

4. ¿Dónde viven ustedes?

5. ¿Adónde sales con tus amigos generalmente?

6. ¿Dónde trabajan tus padres?

¡Practícalo!

1. Write an e-mail in Spanish to an imaginary (or real) Spanish-speaking friend, telling him or her how much you have learned so far. Tell him or her what you can say in Spanish, and ask questions about things you do not understand very well yet. You may also share your letter with another student in the class or with your teacher to help you overcome your difficulties.

2. Describe yourself and your family by completing these sentences:

   1. Mi familia vive en _____ .

   2. La casa o apartamento es _____ .

   3. Yo tengo (No tengo) un automóvil _____ .

   4. Tengo _____ hermanos (hermanas).

   5. Mi madre trabaja _____ .

   6. Mi padre es _____ .

   7. Yo soy _____ .

   8. Somos una familia _____ .

Cápsula cultural

A Musical Melting Pot

Y ou often hear Americans say: "I love Latin music." But what exactly is Latin music, and is there such a thing at all?

Actually, each country in the Spanish-speaking world has distinct musical styles and traditions. This variety is a result of the mix of Spanish music with the musical styles that were already present when the Spaniards arrived, or introduced later by nonindigenous people. Because of this mix, musical traditions evolved differently in each country.

In the Islands of the Caribbean (Cuba, Puerto Rico, the Dominican Republic) and in countries that have a coastline on the Caribbean side (Colombia, Venezuela and some Central American nations), there is a strong African presence, in addition to the indigenous and Spanish cultures. Here you can find rhythms like **merengue, rumba,** and **salsa,** among others. In these rhythms, percussion instruments like **congas, bongos**, and **maracas** are used. In Colombia and Venezuela, the **cumbia** and the **punta** reflect the music of all these cultures.

In Mexico, music is based on string instruments like the guitar, which the Spanish featured in their traditional styles, like **flamenco.** The guitar is always present in **Mariachi** music.

In Argentina, the **tango** fuses Italian feeling with the rhythms of the French **contradanza** *(folk dance).* As you can see, there is no one "Latin music." The musical and dancing traditions of Spanish-speaking countries is as varied as the people who inhabit those countries.

Comprensión

1. In Islands of the Caribbean and in countries that have a coastline on the Caribbean side, you can find rhythms like _____, _____, and _____ .

2. The Spanish guitar is present in _____, and _____ music.

3. The traditional dance in Argentina is _____ .

4. In Colombia and Venezuela, _____ and the _____
reflect the music of these cultures.

5. Percussion instruments like _____ , _____ , and
_____ are used in **merengue**, **rumba**, and **salsa** rhythms.

Investigación

Which Latin dances have become popular in the United States? Which countries
do you associate each dance with?

VOCABULARIO

abrir *to open*
cubir *to cover*
describir *to describe*
dividir *to divide, to split*
escribir *to write*

recibir *to receive*
subir *to go up*
subir a *to get on*
vivir (en) *to live (in)*

la comida *food*
la tienda *store*

¿Cómo está usted?

Expressions with **estar**; Uses of **ser** and **estar**

"To be or not to be?" We have already learned one verb that means *to be:* **ser**. Here's another one: **estar**.

Yo estoy en un restaurante.

Nosotros estamos en una fiesta.

Tú estás bien.

Ustedes están enfermos.

Él está sucio.

Ella está limpia.

Ellos están sentados.

Ella está triste.

Usted está contento.

2 How is **estar** conjugated? You can see that **estar** is an irregular verb:

yo	estoy	*I am*
tú	estás	*you are* (familiar)
Ud.	está	*you are* (formal)
él ella	} está	*he is* *she is*
nosotros nosotras	} estamos	*we are*
Uds.	están	*you are* (plural)
ellos ellas	} están	*they are*

3 When do you use forms of **ser** and when do you use forms of **estar?** For example, if you want to say *I am*, do you say **yo soy** or **yo estoy**? If you want to say *she is*, do you say **ella es** or **ella está**? You can't just use whichever verb you feel like using. There are certain rules. The following examples show the uses of **estar.**

a.

Yo *estoy* en la escuela.	*I am at school.*
Madrid *está* en España.	*Madrid is in Spain.*
¿Dónde *está* Nueva York?	*Where is New York?*

What are we expressing in these sentences? We are telling or asking **where** someone or something is.

b. Now look at the following sentences:

El agua *está* fría. *The water is cold.*
[It can be heated up, and then **El agua *está* caliente.**]

Tú *estás* contento. *You are happy.*
[Your mother tells you to do your homework, and then **Tú *estás* triste.**]

Ellos están enfermos. *They are sick.*
[They go to the doctor, and then **Ellos *están* bien.**]

Las ventanas *están* abiertas. *The windows are open.*
[It gets too cold, and then **Las ventanas *están* cerradas.**]

Here we are expressing a condition of persons or things that can quickly change.

There are two situations in which we use a form of **estar**:

> **a.** LOCATION (asking or telling where something or someone is):
>
> **Chicago y Nueva York *están* en los Estados Unidos.**
>
> **b.** TEMPORARY CONDITION (describing a physical or emotional condition that can change):
>
> | | |
> |---|---|
> | **Yo *estoy* bien (enfermo).** | *I am well (sick).* |
> | **La casa *está* sucia (limpia).** | *The house is dirty (clean).* |
> | **Usted *está* contento (triste).** | *You are happy (sad).* |

Now you know the situations in which you use **estar**. In all other situations, use **ser**.

NOTE: It may not always be easy to decide whether a condition is *temporary* or *permanent*. In Spanish, some conditions are usually regarded as permanent characteristics. Adjectives like **rico, pobre, gordo, flaco, joven,** and **viejo** are usually considered permanent characteristics. Therefore, we say in Spanish:

Yo *soy* rico.	La abuela *es* vieja.
Mi amigo *es* pobre.	Los muchachos *son* gordos.

Actividad A

Andrés is not feeling well and goes to the nurse's office. Two students act out this dialog taking the parts of Andrés and the nurse. Use the correct form of **estar**.

ENFERMERA: Buenas tardes. ¿Cómo _____ Andrés?

ANDRÉS: Yo no _____ bien. Creo que _____
enfermo.

ENFERMERA: Sí, tú _____ pálido (*pale*). ¿Dónde _____
tus padres ahora?

ANDRÉS: Mi padre _____ en la oficina y mi madre
_____ probablemente en el supermercado.

ENFERMERA: ¿Dónde _____ la oficina de tu padre?

ANDRÉS: _____ lejos de la escuela.

ENFERMERA: ¿Quién _____ en casa ahora?

ANDRÉS: Mis hermanos _____ en casa ahora.

Actividad B

Take turns reading the following sentences aloud according to the model. Use the appropriate forms of **ser** or **estar**.

EXAMPLE: Mi mamá (alta o baja)
Mi mamá es baja.
Los Angeles (en California o en Texas)
Los Angeles está en California.

1. Yo (alto o bajo)
2. San Francisco (en California o en Florida)
3. Los elefantes (gordos o flacos)
4. Nueva York (grande o pequeña)
5. Mi familia (grande o pequeña)
6. Los estudiantes (alegres o tristes)
7. Mi cuidad (bonita o fea)
8. Los autos Ferrari (rápidos o lentos)
9. Los libros (en la biblioteca o en la farmacia)
10. Supermán (fuerte o débil)

 There is one more use of the verb **estar**: If we want to emphasize that an action is going on right now — the subject is doing something at this very moment — we say:

Carlos está hablando por teléfono.	*Charles is talking on the phone.*
María está escribiendo una carta.	*María is writing a letter.*
Yo estoy comiendo un sándwich.	*I am eating a sandwich.*

How is this done? We use the present tense of **estar** and the present participle (the verb ending in *-ing*). With **-ar** verbs, the present participle is formed by dropping the **-ar** ending of the infinitive and replacing it with **-ando**:

hablar *(to speak)*	**habl*ando*** *(speaking)*
pasar *(to pass)*	**pas*ando*** *(passing)*
bailar *(to dance)*	**bail*ando*** *(dancing)*

The present participle of **-er** and **-ir** verbs is formed by dropping the **-er** or **-ir** ending of the infinitive and replacing it with **-iendo**:

comer *(to eat)*	**com*iendo*** *(eating)*
beber *(to drink)*	**beb*iendo*** *(drinking)*
vivir *(to live)*	**viv*iendo*** *(living)*
escribir *(to write)*	**escrib*iendo*** *(writing)*

Note that the present participle does not change, it is always the same.

Él está *bailando*.   **Ella está** *bailando*.   **Ellos están** *bailando*.

What is everyone doing now? Complete the sentences, changing each verb to the *-ing* form (**-ando, -iendo**)

EXAMPLE: Yo estoy (cantar)   **Yo estoy cantando.**

1. Mi hermana está (comprar) un disco compacto.

   _____

2. Luis está (escuchar) música.

   _____

3. Mi perro y yo estamos (correr) en el parque.

   _____

4. El hombre está (vender) periódicos.

_____

5. Los pasajeros están (subir) al avión.

_____

6. Tú estás (escribir) un poema.

_____

7. Annette está (hablar) francés.

_____

8. Ustedes están (comer) enchiladas.

_____

9. Las chicas están (beber) una limonada.

_____

10. Los alumnos están (responder) en la clase.

_____

Actividad **D**

You are describing what everybody is doing in the classroom right now. Complete the sentences with the correct forms of the verb.

EXAMPLE: la profesora / usar la computadora
La profesora está usando la computadora.

1. tú / escribir en la pizarra

_____

2. yo / abrir la ventana

_____

3. usted / cerrar la puerta

_____

4. ellos / mirar la pizarra

_____

5. Carlos / estudiar la lección

_____

6. ustedes / contestar una pregunta

_____

7. nosotros / aprender los verbos

_____

8. Juana / hablar con Rosa

_____

 Let's review the two verbs that mean to be. Repeat them aloud after your teacher:

ser			estar	
yo	soy	_I am_	yo	estoy
tú	eres	_you are_	tú	estás
Ud.	es		Ud.	está
él	es	_he is_	él	está
ella		_she is_	ella	
nosotros	somos	_we are_	nosotros	estamos
nosotras			nosotras	
Uds.	son	_you are_	Uds.	están
ellos	son	_they are_	ellos	están
ellas			ellas	

Choose between forms of **ser** and **estar**. Underline the correct form.

  1. Roberto (es, está) alegre hoy.
  2. Mi abuelo (es, está) carpintero.
  3. Yo (soy, estoy) cubana.
  4. Ella (es, está) hablando por teléfono.
  5. El agua (es, está) caliente.

6. ¿Cómo (son, están) Uds.?
7. ¿(Son, Están) ellas abogadas?
8. ¿Dónde (son, están) tus cuadernos?
9. ¿(Es, Está) flaca María?
10. Ustedes (son, están) enfermos.
11. La clase (es, está) visitando un museo.
12. Nosotros (somos, estamos) bien, gracias.
13. Mi primo (es, está) joven.
14. Las ciudades (son, están) grandes.
15. El médico (es, está) en el hospital.

Match the sentences with the correct pictures.

Ellas están escuchando música.
Mi gato Félix es gordo.
Laura está sentada en el sofá.
Mis tíos son muy ricos.

Pedro está en la tienda.
Yo soy bombero.
Tú estás buscando un libro.
Nosotros estamos cansados.

1. _____

2. _____

3. _____

4. _____

5. _____

6. _____

7. _____

8. _____

Elena is in Mexico and she is writing an e–mail to her parents about the people and things she saw. Complete the sentences with the correct forms of **ser** or **estar**.

TO: lospadres@SpisFun.com

CC:

Queridos Mamá y Papá:

La ciudad de México _____ inmensa. Los museos _____ muy interesantes.

Las pirámides que _____ muy grandes _____ cerca de la ciudad.

Mis amigos Mario y Raúl _____ estudiando en la universidad. Vivo con mi amiga Lorena

que _____ colombiana pero que ahora _____ viviendo en México.

La Tía Josefa _____ bien, _____ cansada de vivir en una ciudad grande y quiere

vivir en un pueblo pequeño.

Ahora yo _____ esperando correos electrónicos de ustedes y de mis amigos.

Besos y abrazos.

Elena

P.D. Yo _____ muy contenta pero necesito un poco de dinero.

Now read this story.

¡Qué problema!

Ana y su amiga Gabriela están hablando en la cafetería de la escuela.

ANA: Hola Gabriela ¿qué pasa? ¿Tienes un problema?

GABRIELA: Sí. Mi problema se llama Tomás. Él llama a mi casa constantemente.

ANA: ¿Qué quiere?

GABRIELA: Quiere salir conmigo.

conmigo *with me*

ANA: No comprendo. Tomás es un muchacho simpático y es muy guapo.

GABRIELA: Tomás no es interesante. Está siempre hablando de béisbol. ¡Es un fanático!

En ese momento llega Tomás.

en ese momento *just then*

TOMÁS: ¡Hola chicas! ¿Cómo están? Gabriela, ¿estás libre el sábado?

estar libre *to be free*

GABRIELA: No. Creo que no.

creo *I think*

TOMÁS: ¡Qué lástima!

GABRIELA: ¿Por qué? ¿Tienes entradas para el béisbol?

entradas *tickets*

TOMÁS: ¡Oh, no! Tengo dos entradas para el concierto de rock en el parque.

GABRIELA: ¿El concierto de rock? ¡Oh, Tomás, eres muy amable! Sí, estoy libre el sábado. ¡Vamos!

Actividad H

Complete the sentences based on the story you have just read.

1. Ana y Gabriela están _____ en la cafetería.

2. Ana quiere saber si Gabriela tiene un _____ .

3. El problema de Gabriela _____ Tomás.

4. Tomás está _____ constantemente a Gabriela.

5. Ana cree que Tomás es _____ y _____ .

6. Gabriela cree que Tomás no _____ _____ .

7. Tomás siempre _____ _____ de béisbol.

8. Gabriela no _____ _____ el sábado.

9. Tomás tiene dos _____ para el concierto de rock.

10. Ahora, Gabriela cree qué Tomás _____ muy amable y ella

_____ el sábado.

Para conversar en clase

1. ¿Qué problemas tienes tú? (en la escuela, en casa)

2. Generalmente, ¿cuándo sales con tus amigos?

3. ¿Eres fanático de un deporte? ¿Cuál?

4. ¿Adónde deseas ir el sábado por la noche?

5. ¿Qué clase de música prefieres?

DIÁLOGO

Complete the following dialog.

Información personal

Interview your partner. Take turns asking and answering the following questions.

1. ¿Cómo estás?

_____

2. ¿Qué estudias en la escuela?

_____

3. ¿Dónde estás ahora?

_____

4. ¿En qué clase estás contento (triste)?

_____

5. ¿Cómo es tu ciudad preferida?

_____

1. You are communicating with an Argentinean student on the Internet. Send him an e-mail and tell him about yourself. You may use some of the following words if you like.

- enfermo
- estudioso
- alto(-a)
- inteligente
- rubio(-a) / moreno(-a)
- popular
- romántico(-a)

EXAMPLE: **Yo soy alto(a) y moreno(a). Soy fanático(a) del fútbol americano.**

2. Look for article headings in Spanish newspapers or magazines that contain forms of **ser** and **estar**. Identify them and explain in your own words why each form was chosen over the other. If you do not have access to those materials in your town or city, you may look in the Internet, where you can find many publications in Spanish.

3. Paste photographs from magazines and write a caption for each picture saying as much as you can about the person or animal you chose (e.g., **La actriz se llama Michelle, es rubia y alta, está triste / alegre, está escribiendo un autógrafo...**).

Cápsula cultural

The "Shining Star of the Caribbean"

Sometimes it is called **"La isla del encanto"** (The Enchanted Island). It was called Borinquen by the native peoples, including the **Taíno,** who inhabited the land when Christopher Columbus (Cristóbal Colón) landed on its shores during his second voyage to the New World in 1493.

Originally the Island was named **San Juan** (Saint John) by the Spaniards and its port city was called **Puerto Rico** (Rich Port). During the course of history a map maker mistakenly switched the two names, calling the port San Juan and the island Puerto Rico. The names stuck and it has been that way ever since.

Visited by millions of tourists each year, Puerto Rico seems to have something for everyone. You can stroll down the winding cobblestone streets of Old San Juan (**El viejo San Juan**), only seven square blocks but the center of Puerto Rico's colonial past. Founded in 1521, it is the oldest capital city under the US flag. Then visit the massive fortress of **El Morro**, where Spanish conquistadors warded off pirate attacks by men such as Sir Francis Drake.

But San Juan is also a modern city of freeways and skyscrapers, with a dazzling night life, casinos, and deluxe hotels. Just outside the city is the famous **Luquillo Beach** with its white sand and swaying palm trees. About 90 miles south of San Juan by car is the charming colonial city of Ponce, the island's second largest city, where 500 years of history come alive.

Nature lovers enjoy exploring El Yunque, a 28,000-acre tropical rain forest, and **Río Camuy Cave Park**, one of the world's most spectacular cave systems and one of the world's longest underground rivers with seven miles of twisting passages!

Puerto Rico is truly a tropical paradise.

Comprensión

1. The native Indians called Puerto Rico _____ .

2. Originally, the Spaniards named the island _____ and the port city _____ .

3. The oldest capital city under the US flag is _____ .

4. _____ is the massive fortress where the Spaniards warded off pirate attacks.

5. Río Camuy Cave Park contains one of the world's _____ and _____ .

Investigación

Work in groups. Make a tourist brochure of Puerto Rico. Describe all its attractions and tell why tourists should visit it.

VOCABULARIO

entrada(s) *ticket(s)*
fatal *horrible, bad*
noche *night*

estar *to be* (temporary or location)
ser *to be* (permanent characteristic)

Creo que no. *I don't think so.*
Yo estoy bien. *I'm O.K.*
Estoy libre. *I'm off, free.*
Yo estoy triste. *I'm sad.*

¿Cuál es la fecha de hoy?

Days and Months

 Los días de la semana

FEBRERO					
lunes		3	10	17	24
martes		4	11	18	25
miércoles		5	12	19	26
jueves		6	13	20	27
viernes		7	14	21	28
sábado	1	8	15	22	
domingo	2	9	16	23	

NOTE: In Spanish, the days and the months are all masculine and are not capitalized.

Actividad A

Fill in the name of the day of the week.

1. m _____ _____ t _____ s
2. l _____ _____ _____ s
3. ju _____ _____ e _____
4. v _____ _____ r _____ _____ s

5. _____ o _____ _____ n _____ o
6. m _____ _____ r _____ o _____ e _____
7. _____ áb _____ d _____

220

Fill in the days before and after the day given.

1. _____ lunes _____

2. _____ miércoles _____

3. _____ viernes _____

4. _____ domingo _____

2 La semana tiene siete días: lunes, martes, miércoles, jueves, viernes, sábado y domingo. Cinco días son de trabajo. Los adultos trabajan y los niños estudian en la escuela. Hay clases todos los días menos el sábado y el domingo, el fin de semana.

menos *except*

Now, review everything you know about a week by practicing the following conversation with a partner.

—¿Qué día es hoy?

—Hoy es viernes, ¿por qué?

—¡Qué bien! Si hoy es viernes, mañana es sábado.

Si *if*

—Sí, mañana no hay clases. Es el fin de semana.

—Yo sé. Mañana tengo un partido de fútbol y los domingos siempre voy al cine.

el partido *game, match*
voy *I am going*

—Pero el lunes hay un examen de español.

—No importa. Mañana estudio en la biblioteca. Solamente necesito unas horas de estudio. ¡Yo soy muy inteligente!

—Sí, y muy modesto también.

Complete the following sentences based on the story you read.

1. Hay _____ días en una semana.

2. Los días de trabajo son _____ , _____ ,

   _____ , _____ y _____ .

3. No hay clases el _____ y el _____ .

4. Si hoy es martes, mañana es _____ .

5. El sábado y el domingo son el _____ de semana.

6. Si hoy es miércoles, mañana es _____ .

7. Si hoy es lunes, mañana es _____ .

8. _____ es mi día favorito de la semana.

You have probably noticed that with any day of the week (for example, **lunes**), you may say **el lunes**, **los lunes**, or simply **lunes**.

Look at these sentences:

El sábado hay una película excelente.	*Saturday there is an excellent movie.*
Los sábados voy al cine.	*Saturdays I go to the movies.*

> When referring to one specific day (On Monday, On Tuesday....) we use **el**.
>
> When referring to every Monday, Tuesday, etc., we say **los**.

But:

Hoy es jueves y mañana es viernes. *Today is Thursday and tomorrow is Friday.*

After the verb **ser**, these articles (**el**, **los**) are omitted.

NOTE: Except for **domingo (domingos)** and **sábado (sábados)**, the days of the week have the same form in the singular and the plural.

Complete the following sentences in Spanish using **el, los,** or no article at all.

1. I practice baseball on Saturdays.   Practico béisbol _____ sábados.

2. Friday I have an exam.   _____ viernes tengo un examen.

3. Today is Tuesday.   Hoy es _____ martes.

4. I have guitar class on Mondays.   Tengo clases de guitarra _____ lunes.

5. Are you working Saturday?   ¿Trabajas _____ sábado?

6. Tomorrow is Friday.   Mañana es _____ viernes.

Actividad D

You are describing your weekly schedule to your Peruvian key pal. Complete the statements with the day of the week when each activity takes place.

1. Tengo clase de español_____ .

2. Voy al cine _____.

3. _____ tengo un partido de fútbol.

4. _____ tengo una clase de música.

5. _____ y _____ salgo con mis amigos.

3 Los meses

enero

febrero

marzo

abril

mayo

junio

julio

agosto

septiembre

octubre

noviembre

diciembre

Actividad **E**

Fill in the months before and after the month given.

1. _____ enero   _____

2. _____ abril   _____

3. _____ julio   _____

4. _____ octubre _____

Actividad **F**

Below each picture, write the Spanish name for *one* of the months commonly associated with the activity shown. (In some situations, more than one month may be correct.)

1. _____   2. _____   3. _____

4. _____

5. _____

6. _____

7. _____

8. _____

9. _____

10. _____

11. _____

12. _____

Pronunciación

Letter	Pronunciation	English example of sound	Spanish examples
x	ks	soc<u>ks</u>	taxi, extraño

El taxista tiene una expresión extraña.

Read the following story.

Una conversación en la clase

Pablo es un niño de siete años. El señor Franco es el maestro de la clase.

el niño *boy*
el maestro *teacher*

SR. FRANCO: Buenos días, Pablito. ¿Cómo estás?

PABLITO: Muy bien, gracias, señor. ¿Y usted?

SR. FRANCO: Bien, gracias. Pablito, ¿sabes qué día es hoy?

PABLITO: Sí, señor. Hoy es lunes, el primer día de la semana.

primer *first*

SR. FRANCO: ¿Cuántos días tiene la semana?

PABLITO: La semana tiene siete días. Los sábados y los domingos no hay clases y no trabajamos.

SR. FRANCO: Bien. ¿Sabes, Pablito, cuáles son los meses del año y en qué mes estamos ahora?

¿cuáles? *which?*

PABLITO: ¡Claro! En un año hay doce meses: enero, febrero, marzo, abril, mayo, junio, julio, agosto, septiembre, octubre, noviembre y diciembre. Enero es el primer mes y diciembre es el último. Hoy es el cinco de marzo.

último *last*

SR. FRANCO: Muy bien. Y ahora, una pregunta difícil. ¿Sabes cuántos días hay en cada mes?.

¿cuántos? *how many?*

PABLITO: Eso no es difícil. Yo sé un poema que da la información:

> Treinta días hay en septiembre,
> Y en abril, junio y noviembre;
> De veintiocho sólo hay uno,
> Los demás de treinta y uno.

SR. FRANCO: ¡Estupendo! Tú sabes más que todos.

PABLITO: Yo sé. Es el segundo año que estoy en la clase.

segundo *second*

Actividad G

Answer the questions based on the previous conversation in complete sentences.

1. ¿Quién es el señor Franco?

   _____

2. ¿Quién es Pablito?

   _____

3. ¿Qué día es hoy?

   _____

4. ¿Cuántos días hay en una semana?

   _____

5. ¿Cuáles son los días de la semana?

   _____

6. ¿Qué días de la semana no trabajamos?

   _____

7. ¿Cuántos meses hay en un año?

   _____

8. ¿Cuáles son los meses del año?

   _____

9. ¿Cuál es el primer mes del año?

   _____

10. ¿Qué mes tiene veintiocho días?

    _____

4   **¿Cuál es la fecha de hoy?** (What is today's date?)

      Let's see how the date is expressed in Spanish. Look at the dates circled in the calendar **(el calendario)**.

ENERO						FEBRERO					MARZO				
lunes		6	13	20	27		3	10	17	24		3	10	17	24	31
martes		7	14	21	28		4	11	18	25		4	(11)	18	25
miércoles	1	8	15	22	29		(5)	12	19	26		5	12	19	26
jueves	2	9	16	23	30		6	13	20	27		6	13	20	27
viernes	3	10	17	24	31		7	14	21	28		7	14	21	28
sábado	4	11	18	25		1	8	15	22		1	8	15	22	29
domingo	5	12	19	26		2	9	16	23		2	9	16	23	30

ABRIL						MAYO					JUNIO				
lunes		7	14	21	28		5	12	19	26		2	9	16	23	30
martes	1	8	15	22	29		6	13	20	27		3	10	17	24
miércoles	2	9	16	23	30		7	14	21	28		4	11	18	25
jueves	3	10	17	24		1	8	(15)	22	29		5	12	19	26
viernes	4	11	18	25		2	9	16	23	30		6	13	20	27
sábado	5	12	19	26		3	10	17	24	31		7	14	21	28
domingo	6	13	20	27		4	11	18	25		1	8	15	22	29

JULIO						AGOSTO					SEPTIEMBRE				
lunes		7	14	21	28		4	11	18	25	1	8	15	22	29
martes	1	8	15	22	29		5	12	19	26	2	9	16	23	30
miércoles	2	9	16	23	30		6	13	20	27	3	10	17	24
jueves	3	10	17	24	31		7	14	21	28	4	11	18	25
viernes	4	11	18	25		1	8	15	22	29	5	12	19	26
sábado	5	12	19	26		2	9	16	23	30	6	13	20	27
domingo	6	13	20	27		3	10	17	24	(31)	7	14	21	28

OCTUBRE						NOVIEMBRE					DICIEMBRE				
lunes		6	13	20	27		3	10	17	24	(1)	8	15	22	29
martes		7	14	21	28		4	11	18	25	2	9	16	23	30
miércoles	1	8	15	22	29		5	12	19	26	3	10	17	24	31
jueves	2	9	16	23	30		6	13	20	27	4	11	18	25
viernes	3	10	17	24	31		7	14	21	28	5	12	19	26
sábado	4	11	18	25		1	8	15	22	29	6	13	20	27
domingo	5	12	19	26		2	9	16	23	30	7	14	21	28

FEBRERO				
lunes		3	10	17	24
martes		4	11	18	25
miércoles		(5)	12	19	26
jueves		6	13	20	27
viernes		7	14	21	28
sábado	1	8	15	22
domingo	2	9	16	23

MARZO					
lunes		3	10	17	24	31
martes		4	(11)	18	25
miércoles		5	12	19	26
jueves		6	13	20	27
viernes		7	14	21	28
sábado	1	8	15	22	29
domingo	2	9	16	23	30

Es el cinco de febrero.
Es miércoles, cinco de febrero.

Es el once de marzo.
Es martes, once de marzo.

MAYO					
lunes		5	12	19	26
martes		6	13	20	27
miércoles		7	14	21	28
jueves	1	8	⑮	22	29
viernes	2	9	16	23	30
sábado	3	10	17	24	31
domingo	4	11	18	25	

Es el quince de mayo.
Es jueves, quince de mayo.

AGOSTO					
lunes		4	11	18	25
martes		5	12	19	26
miércoles		6	13	20	27
jueves		7	14	21	28
viernes	1	8	15	22	29
sábado	2	9	16	23	30
domingo	3	10	17	24	㉛

Es el treinta y uno de agosto.
Es domingo, treinta y uno de agosto.

DICIEMBRE					
lunes	①	8	15	22	29
martes	2	9	16	23	30
miércoles	3	10	17	24	31
jueves	4	11	18	25	
viernes	5	12	19	26	
sábado	6	13	20	27	
domingo	7	14	21	28	

Es el primero de diciembre.
Es lunes, primero de diciembre.

NOTE: The first day of the month is always expressed as **primero de.**

Para conversar

With a partner, take turns asking and giving the dates for each of the holidays.

EXAMPLE: **¿Cuándo celebramos la Noche de Brujas** (*Halloween*)**?**
Celebramos la Noche de Brujas el treinta y uno de octubre.

El Año Nuevo (*New Year's day*)
El Día de la Independencia
　(*Independence Day*)
El Día de San Valentín (*Valentine's Day*)
El Día de la Madre (*Mother's Day*)

La Pascua Florida (*Easter*)
El Día de Acción de Gracias
　(*Thanksgiving*)
La Navidad (*Christmas*)
El Día de la Raza (*Columbus Day*)

These are your friends' birthdays. Express them in Spanish.

EXAMPLE: (Federico) May 5
El cumpleaños de Federico es el cinco de mayo.

1. (Rogelio) November 20
2. (Beatriz) April 11
3. (Cristina) September 25

4. (Eloy) January 1
5. (Rosario) December 18
6. (Jorge) July 13

CONVERSACIÓN

Vocabulario

eso *that*
tanto *so much*

por supuesto *of course*

You are the second person in the dialog. Complete it with appropriate answers of your own.

Información personal

Interview your partner. Take turns asking and answering the following questions.

1. ¿En qué mes celebras tu cumpleaños?

_____

2. ¿Cuáles son los meses de vacaciones de la escuela?

_____

3. ¿Qué haces *(do)* los sábados?

_____

4. ¿A qué hora sales de la casa los lunes?

_____

5. ¿Cuál es tu día favorito de la semana y por qué?

_____

6. ¿Cuál es tu mes favorito y por qué?

_____

Give the dates in Spanish for these important events. Add any other events you wish.

EXAMPLE: **Mi cumpleaños es...**

your birthday	New Year's Day
Christmas	your mother's birthday
Thanksgiving	your father's birthday
Independence Day	the last day of classes

Cognate Connection

Spanish (along with such major European languages as French, Italian, Portuguese, and Romanian) is called a Romance language because it is derived from Latin, the language spoken by the Romans.

Since more than half of all English words are also derived from Latin, there is an important relationship between Spanish and English vocabulary, with large numbers of words being related or *cognate*.

More importantly, the portion of our English language coming from Latin includes most of our *hard* words, words that are complex or scientific.

Here are some examples of how these languages relate to one another:

LATIN	SPANISH	FRENCH	ITALIAN	ENGLISH COGNATE
mater (mother)	**madre**	**mére**	**madre**	**maternal** (motherly)
carnis (meat)	**carne**	**chair**	**carne**	**carnivorous** (meat-eating)
veritas (truth)	**verdad**	**vérité**	**verità**	**verify** (establish truth)
malus (bad)	**malo**	**mal**	**malo**	**malice** (ill will)
juvenis (young)	**joven**	**jeune**	**giovane**	**juvenile** (youthful)
unus (one)	**uno**	**un**	**uno**	**unilateral** (one-sided)
dormire (to sleep)	**dormir**	**dormir**	**dormire**	**dormant** (inactive)
legere (to read)	**leer**	**lire**	**leggere**	**legible** (readable)

In succeeding lessons, we will explore more of the fascinating relationship between the English and Spanish languages.

 # Cápsula cultural

Measuring the Passage of Time: El calendario azteca

How many months are there in a year? Twelve, you say. Well, that depends on the calendar you're using.

Our present system of measuring time uses the Gregorian calendar invented by the Babylonians about 5,000 years ago. This calendar, later revised by the Romans, divided the year into 12 months, all of which had 30 or 31 days, except February, which contained 28 days most years and 29 days every fourth year—a leap year of 366 days.

On our continent, however, the Mayan Indians developed a calendar which many scientists consider the most accurate system ever devised.

The Mayans' observations of the heavens convinced them that time was an ever-repeating series of cycles that included the earth moving on its axis in a circle (a day), the moon moving in a circle around the earth (a month), and the earth moving around the sun in a circle (a year). They therefore divided the year into 13-moon cycles and multiplied that by the length of each cycle, 28 days, to derive a 364-day year.

The Aztecs adopted the concept of the Mayans, creating a 365-day year. They divided the year into 18 weeks of 20 days each, leaving 5 extra "unlucky" days at the end of the year. They also utilized a "sacred" calendar of 260 days to predict the future. It contained 20 weeks of 13 days each. The first days of these two calendars coincided once each 52 years. This cycle of 52 years was very important to the Aztecs. They feared that day would bring about the end of the world.

Does all this sound unbelievably complicated? Well, it's all recorded on the great Aztec Sun Stone in the National Museum of Anthropology and History in Chapultepec Park in Mexico City. The huge, thick round stone measures 12 feet in diameter and weights 26 tons! On it are represented the movement of the sun, the seasons of the year, and the hour of the day. It is sculpted with the image of the sun-god at its center and contains hieroglyphs (picture writing) explaining the Aztec version of world history, myths, and prophecy. It's certainly worth a visit if you ever go to Mexico.

Comprensión

1. The Gregorian calendar was invented by _____ and revised by
   _____ .

2. The Mayans observed that time was an ever-repeating series of
   _____ .

3. The Mayans divided the year into _____ moon cycles of days to
   create a _____ -day year.

4. The Aztec calendar contained 5 extra days at the end of each year which were
   considered _____ .

5. The **Calendario Azteca** or great Aztec Sun Stone is located in
   _____ .

Investigación

Work in groups. Find the meaning of some of the symbols (hieroglyphs) of the
Aztec Calendar. Make one, using colored paper pasted together to represent the
symbols and hieroglyphs of the stone.

VOCABULARIO

lunes *Monday*	**enero** *January*	**julio** *July*
martes *Tuesday*	**febrero** *February*	**agosto** *August*
miércoles *Wednesday*	**marzo** *March*	**septiembre** *September*
jueves *Thursday*	**abril** *April*	**octubre** *October*
viernes *Friday*	**mayo** *May*	**noviembre** *November*
sábado *Saturday*	**junio** *June*	**diciembre** *December*
domingo *Sunday*		

el día *day*	**primero** *first*
la fecha *date*	**segundo** *second*
el fin de semana *weekend*	**semana** *week*
hoy *today*	**último** *last*

Repaso III

Lección 9

The verb **ser** is an irregular verb that means **to be**. Memorize all its forms:

yo	soy	nosotros nosotras } somos
tú	eres	Uds.	son
Ud.	es		
él ella } es		ellos ellas } son	

Lección 10

a. To conjugate an **-ir** verb, drop the **-ir** from the infinitive and add the appropriate endings:

EXAMPLE: **abrir**

If the subject is	yo	add	**o** to the remaining stem:	**abro**
	tú		es	abres
	Ud.		e	abre
	él		e	abre
	ella		e	abre
	nosotros		imos	abrimos
	nosotras		imos	abrimos
	Uds.		en	abren
	ellos		en	abren
	ellas		en	abren

b. The verb *salir* (**to leave, to go out**) has an irregular **yo** form (**yo salgo**) and is followed by **de** before the name of the place you are leaving:

Yo salgo de la escuela a las tres.

The combination **de** + **el** forms the contraction **del**:

Salimos *del* teatro a las cinco.

c. Other verbs with irregular **yo** forms:

dar	*yo doy*	**saber**	*yo sé*
poner	*yo pongo*	**traer**	*yo traigo*

Lección 11

a. In Spanish, there is a second verb meaning to be: **estar**. Some forms of **estar** are irregular and must be memorized:

yo	estoy	nosotros nosotras }	estamos
tú	estás	nosotras	
Ud.	está	Uds.	están
él ella }	está	ellos ella }	están

b. **Ser** is used:

1. to express a permanent characteristic or to identify a subject:

   Pedro *es* español
   El hombre *es* joven.
   La señora *es* abogada.

2. to express time and dates:

   ¿Qué hora *es*? —Es la una.
   ***Es* el treinta de enero.**
   Hoy *es* martes, treinta de enero.

c. **Estar** is used when referring to location and when describing a temporary condition (which can quickly change):

   ¿Dónde *está* Roberto?
   La niña *está* bien.
   ***Estamos* muy contentos.**

Lección 12

LOS DÍAS	LOS MESES	
lunes	enero	julio
martes	febrero	agosto
miércoles	marzo	septiembre
jueves	abril	octubre
viernes	mayo	noviembre
sábado	junio	diciembre
domingo		

Acróstico. Fill in the Spanish words, then read down the boxed column to find the mystery word.

1. tenth month   ___ ___ ___ ___ ___ ___ ___

2. sixth day   ___ ___ ___ ___ ___ ___ ___

3. hot   ___ ___ ___ ___ ___ ___ ___

4. to be   ___ ___ ___

5. sixth month   ___ ___ ___ ___ ___

6. tired   ___ ___ ___ ___ ___ ___

7. to open   ___ ___ ___ ___ ___

8. cold   ___ ___ ___

9. sad   ___ ___ ___ ___ ___

10. eighth month   ___ ___ ___ ___ ___ ___

Unscramble these days of the week. Then unscramble the letters in the circles to find out how the students go to school every day.

SELUN

SENRIEV

ADBOSÁ

TAMSER

ESJEVU

GIMODON

SILOCREMÉ

Solución:

Actividad C

Buscapalabras. Circle the eighteen words hidden in the puzzle and list them below. The words may be read from left to right, right to left, or up and down.

```
E  N  E  R  O  L  A  O  R  M
V  A  O  C  T  U  B  R  E  I
I  O  D  B  S  N  R  S  N  É
E  G  A  C  O  E  I  E  O  R
R  N  B  D  G  S  L  V  P  C
N  I  Á  M  A  R  T  E  S  O
E  M  S  A  Í  R  F  U  I  L
S  O  E  R  F  G  H  J  J  E
N  D  R  Z  R  A  T  S  E  S
M  A  Y  O  L  V  I  V  I  R
```

7 days

_____

_____

_____

_____

_____

_____

_____

6 months

_____

_____

_____

_____

_____

4 verbs

_____

_____

_____

_____

1 adjective

_____

Actividad D

Verb Game. Here are some pictures of people doing things. Describe each picture following the clues given.

1. El cartero _____ las cartas.

2. Los gatos _____ al árbol.

3. Yo le _____ el lápiz a Juan.

4. Ud. _____ la puerta del automóvil.

5. Mi madre _____ flores.

6. Tú _____ un problema en _____ .

7. La niña _____ en el sofá.

8. Nosotros _____ del cine.

Actividad E

Crucigrama.

1.		2.				3.		4.	
		5.			6.				
7.					8.				
			9.						
			10.					11.	
12.		13.				14.			
	15.								
	16.				17.	18.			
19.						20.			
				21.					
22.									

HORIZONTALES

1. happy, satisfied (f.)
5. (you) know
7. three
8. water
10. (I) put
12. (s/he) gives
13. indefinite article
14. (s/he) sees
15. (you) read
17. thing
19. mailman
20. in, on
21. (s/he) looks at
22. tired

VERTICALES

1. singing
2. aunts
3. contraction
4. cold
5. to be
6. (I) leave, go out
9. (s/he) puts
10. doors
11. weeks
16. house
17. (I) eat
18. to be

Actividad F

Picture story. Can you read this story? Much of it is in picture form. When you come to a picture, read it as if it were a Spanish word.

Es el mes de . Es viernes, el último día de clases. Lupita, una

 de 9 años, no está en la ; está en . ¡Pobre

Lupita! Ella está muy hoy; no está . Ella no tiene mucho

apetito. La de Lupita prepara una deliciosa, pero Lupita

no desea . Ella tiene muchos y , pero no

desea . Lupita está muy enferma. Ella no desea mirar la

y no desea escuchar . Entra el doctor González. Es un

inteligente y bueno. «Lupita, tienes que tomar una y beber mucha

. Mañana no hay clases. Es sábado».

Cuarta Parte

El cuerpo

1 El monstruo

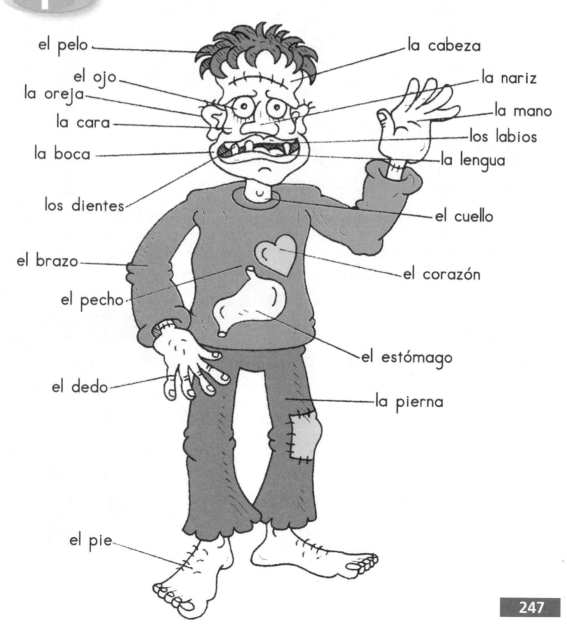

el pelo — la cabeza

el ojo — la nariz

la oreja — la mano

la cara — los labios

la boca — la lengua

los dientes — el cuello

el brazo — el corazón

el pecho

el estómago

el dedo — la pierna

el pie

Actividad A

This monster may look weird, but the parts of his body are the same as yours and mine. Study the Spanish names for them and match the words with the correct pictures.

la boca	el corazón	el estómago	la nariz	el pie
el brazo	el cuello	los labios	los ojos	las piernas
la cabeza	el dedo	la lengua	la oreja	el pelo
la cara	los dientes	la mano	el pelo	

1. _____

2. _____

3. _____

4. _____

5. _____

6. _____

7. _____

8. _____

9. _____

10. _____

11. _____

12. _____

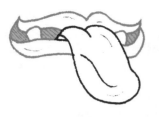

13. _____

14. _____

15. _____

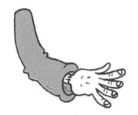

16. _____

17. _____

18. _____

NOTE: **La oreja** refers to the outer shell of the ear. The inner ear (the organ of hearing) is called **el oído.**

Actividad **B**

Every part of the body can do something. Following the example, use each part of the body from the list with an action it can perform. Sometimes more than one part of the body will be appropriate.

EXAMPLE: Usamos **las manos** para **trabajar**.

1. hablar _____

2. bailar _____

3. cantar _____

4. estudiar _____

5. trabajar _____

6. mirar _____

7. beber _____

8. comer _____

9. correr _____

10. escribir _____

11. escuchar _____

las manos
los dedos
la cabeza
los ojos
el oído
la boca
los labios
la lengua
los dientes
los brazos
los pies
las piernas

Diviértete

Work with a partner. One student gives a command, the other acts it out. Use the verb **tocar** (*to touch*) all the time. Use as many parts of the body as you remember.

YOUR PARTNER:	**Toca la cabeza.**
YOU:	**Touch your head.**

Now that you know the Spanish names for various parts of the human body, you're ready to read the incredible story of the mad scientist Dr. Francisco Frankenpiedra and the horrible monster he created. All the forms of the irregular Spanish verb **tener** (*to have*) are included in this story. See if you can find them.

El monstruo

Lugar: el laboratorio de un científico loco, el doctor Francisco Frankenpiedra.

Personajes: el Dr. Frankenpiedra; Igor, su ayudante; y el Monstruo, una combinación de muchas partes de cadáveres diferentes.

el lugar *place*
el científico *scientist*
loco *crazy, mad*

cadáver *corpse*

DR. FRANKENPIEDRA: **Tengo** una idea estupenda. Esta noche voy a crear una criatura horrible.

esta noche *tonight*

IGOR: Sí, maestro.

DR. F.: Primero necesito un cuerpo. ¿**Tienes** un cuerpo, Igor?

IGOR: Aquí **tiene** usted un cuerpo, maestro; un cuerpo viejo y feo.

DR. F.: Bien, bien. Ahora necesito dos brazos, Igor.

IGOR: Aquí están, maestro. Dos brazos largos y fuertes con mucho pelo.

DR. F.: Bueno. ¿Y las manos?

IGOR: Aquí hay dos manos, una mano de hombre y otra mano de gorila.

DR. F.: ¿Cuántos dedos **tienen** las manos?

IGOR: Diez dedos, maestro.

DR. F.: Perfecto.

IGOR: Pero una mano **tiene** siete dedos y la otra sólo tres.

DR. F.: No importa. Ahora necesito los pies. ¿No **tenemos** pies?

No importa. *It doesn't matter.*

IGOR: Sí, maestro. **Tenemos** un pie grande y otro pequeño.

DR. F.: Está bien. El monstruo no necesita bailar. Pero todavía no **tiene** cabeza.

todavía *yet*

IGOR: Aquí está, maestro. Una cabeza pequeña con una cara ridícula.

DR. F.: Magnífico. Y ahora, la corriente eléctrica para dar vida al monstruo.

la corriente *current*
la vida *life*

Bzzzzzzzzzzzzzzzzzzzzzz

IGOR: Mire. El monstruo vive. ¡ESTÁ VIVO! Quiere hablar.

¡Está vivo! *It's alive!*

DR. F.: ¡Habla! ¡Habla!

MONSTRUO: Yo hablo, tú hablas, él habla...

DR. F.: ¡Qué monstruo tan fantástico! Es un profesor de español. Es...

(Fill in someone's name, someone who won't get too angry with you.)

Actividad C

Work with a partner. Take turns reading each statement aloud. If the statement is true, say **cierto**. If it is false, say **falso** and correct the information.

1. El doctor Frankenpiedra es un científico loco.

_____

2. El monstruo tiene el cuerpo de un joven.

_____

3. El monstruo no tiene brazos.

_____

4. Cada mano tiene cinco dedos.

_____

5. El monstruo necesita pies para bailar.

_____

6. La cabeza tiene una cara inteligente.

_____

7. El doctor usa la electricidad para dar vida al monstruo.

_____

8. El monstruo no sabe hablar.

_____

9. El doctor trabaja solo.

_____

10. El monstruo habla español.

_____

Para conversar en clase

1. ¿Qué tipo de trabajo hace un científico (por ejemplo: en biología, astronomía, química)?

2. Nombra algún científico famoso.

3. ¿Qué es la ciencia ficción? ¿Por qué es popular?

4. Describe un ejemplo de una película de ciencia ficción.

5. ¿Quieres ver películas de horror? ¿Por qué?

6. Describe un monstruo ficticio o imaginario (sus dientes, sus manos, su expresión cruel, etc.)

Did you find the forms of the irregular verb **tener** in our story? Here are the conjugated forms of **tener**. MEMORIZE them:

yo	**tengo**	_I have_
tú	**tienes**	_you have_
Ud.	**tiene**	_you have_

él	}	tiene	*he has*
ella			*she has*
nosotros	}	tenemos	*we have*
nosotras			
Uds.		tienen	*you have*
ellos	}	tienen	*they have*
ellas			

Actividad D

You have to pick up someone at the airport that you've never seen before. You need some information about that person. Ask the questions following the example. Work with a partner who will answer your questions.

EXAMPLE: el pelo largo
¿Tiene el pelo largo?

1. la nariz larga

_____

2. las orejas pequeñas

_____

3. el pelo negro

_____

4. los ojos grandes

_____

5. el pelo corto

_____

Actividad E

You are telling a friend some things about you and your family.

EXAMPLE: mi papá / el pelo rubio
Mi papá tiene el pelo rubio.

1. mi hermana / la nariz larga

_____

2. mis primos / los pies grandes

_____

3. yo / los ojos verdes

_____

4. mis padres / los ojos azules

_____

5. mi madre / las manos bonitas

_____

6. yo / las piernas largas

_____

Actividad **F**

You and your friends are talking about some of the things you have.

EXAMPLE: Carlos / una bicicleta nueva
Carlos tiene una bicicleta nueva.

1. yo / dos gatos siameses

_____

2. Jorge y María / un automóvil rojo

_____

3. usted / muchas blusas bonitas

_____

4. tú / gorras modernas

_____

5. Mi hermano y yo / muchos juegos electrónicos

_____

6. Rosita / el pelo bonito

_____

7. ustedes / una casa grande

_____

8. nosotros / muchas flores en el jardín

_____

3 More about **tener**. There are some very common expressions in Spanish that use the verb **tener**. The comparable English expressions use the verb _to be_:

tener calor	_to be warm_
tener frío	_to be cold_
tener hambre	_to be hungry_
tener razón	_to be right_
no tener razón	_to be wrong_
tener sed	_to be thirsty_
tener sueño	_to be sleepy_
tener suerte	_to be lucky_
tener miedo de	_to be afraid of_
tener _____ años	_to be _____ years old_

Examples: **Voy a comer porque _tengo_ hambre.**   _I am going to eat because I am hungry._

El bebé _tiene_ mucho sueño.   _The baby is very sleepy._

NOTE: The expressions **tener calor** and **tener frío** are used only if the subject is a person or an animal. For objects, use the verb **estar**:

El muchacho _tiene_ calor.   _The boy is warm._
   But:
El café _está_ caliente.   _The coffee is warm._

Here are two more important expressions with **tener:**

tener que + infinitive   _to have to_
tener ganas de + infinitive   _to feel like_

Examples: _**Tengo que trabajar** esta tarde._   _I have to work this afternoon._
**Tengo ganas** de ir al cine.   _I feel like going to the movies._

Actividad G

Match the Spanish expressions with their English equivalents. Write the matching letter in the space provided.

1. Yo tengo hambre.   _____ **a.** She is thirsty.

2. Ella tiene sed.   _____ **b.** He is very warm.

3. Nosotros tenemos frío.   _____ **c.** Mary is 15 years old.

4. Él tiene mucho calor.   _____ **d.** How old are you?

5. María tiene quince años.   _____ **e.** I am not thirsty now.

6. ¿Tiene Ud. que comer ahora?   _____ **f.** You feel like dancing.

7. Yo no tengo sed ahora.   _____ **g.** I am afraid of the water.

8. Tú tienes ganas de bailar.   _____ **h.** I am hungry.

9. ¿Cuántos años tiene Ud.?   _____ **i.** We are cold.

10. Tengo miedo del agua.   _____ **j.** Do you have to eat now?

Actividad H

¡Fiesta! Everyone loves a street fair. Can you identify who's who in the picture according to the information given? Write the letter of the picture that corresponds to each of the following sentences.

1. Francisco tiene calor.   _____   8. Pablo es bajo.   _____

2. Elena tiene frío.   _____   9. Jimena es alta.   _____

3. La niña tiene miedo.   _____   10. Sara está triste.   _____

4. Ramiro está contento.   _____   11. Los abuelos son viejos. _____

5. Gustavo tiene hambre.   _____   12. Beatriz tiene sed.   _____

6. El bebé tiene sueño.   _____   13. Hay sol.   _____

7. Antonio es policía.   _____

Match the following sentences with the pictures they describe.

El bebé tiene un año.
Yo tengo mucho calor.
Ellos tienen sed.
Tú tienes que ir a la escuela.
No tengo ganas de estudiar.

Tiene el cuello largo.
Los niños no tienen frío.
Tenemos suerte.
¿Tienes hambre?
Las muchachas tienen el pelo largo.

1. _____

2. _____

3. _____

4. _____

5. _____

6. _____

7. _____

8. _____

9. _____   10. _____

Work with a partner. Express in Spanish the way you feel under the following circumstances. Use expressions with the verb **tener**.

YOUR PARTNER SAYS: **Miras películas de horror.**
YOU SAY: **Tengo miedo.**

1. Esperas el autobús, nieva y no tienes chaqueta.

_____

2. Son las doce de la noche.

_____

3. Ganas la lotería.

_____

4. La temperatura es de 90° F y no funciona el aire acondicionado.

_____

5. Es tarde y quieres comer.

_____

6. Necesitas tomar agua.

_____

7. Hay un concierto de tu grupo favorito.

_____

8. Contestas bien la pregunta.

_____

Vocabulario

hacer *(to) do, make*

Información personal

Interview your partner. Take turns asking and answering the following questions.

1. ¿Cuándo tienes miedo?

_____

2. ¿A qué hora tienes hambre?

_____

3. ¿Qué bebes cuando tienes sed?

_____

4. ¿Quién tiene siempre la razón en tu familia?

_____

5. ¿Qué tienes ganas de hacer los domingos?

_____

Cognate Connection

Give the meanings of the following Spanish and English words. Then use each English word in a sentence.

	SPANISH		ENGLISH COGNATE	
1.	vivir	_to live_	revive	_to resuscitate_
2.	fiesta	_____	festive	_____
3.	noche	_____	nocturnal	_____
4.	cine	_____	cinema	_____
5.	bien	_____	benefit	_____
6.	pan	_____	pantry	_____
7.	mirar	_____	mirage	_____
8.	mundo	_____	mundane	_____

9. libro _____   library   _____

10. mano _____   manual   _____

ENGLISH COGNATES USED IN CONTEXT

1. The lifeguard _revived_ the unconscious man.

2. _____

3. _____

4. _____

5. _____

6. _____

7. _____

8. _____

9. _____

10. _____

List some other cognates of Spanish words in this lesson.

¡Practícalo!

1. Describe yourself:

EXAMPLE: pelo   **Tengo el pelo corto.**

1. nariz _____

2. ojos _____

3. boca _____

4. manos _____

5. orejas _____

6. brazos _____

2. Name and describe, in Spanish, your favorite sports star. Say how he or she looks, giving as many details as you can. Accompany your description with his/her photograph.

 # Cápsula cultural

¡Gol! ¡Gooooool!

What's your favorite football team? The Dallas Cowboys?, the Chicago Bears?, the Miami Dolphins? If you ask a person from Spain or Latin America this question, he or she might answer: the Boca Juniors, the Millonarios, or Real Madrid. These are teams that play **fútbol**, which refers to a different sport, known in the United States as soccer.

Although it was invented by the British, el **fútbol**, or **balompié**, is today the most widely viewed spectator sport in the world and the most popular sport in the majority of the Spanish-speaking countries. In South America they say: **"Los niños aprenden a jugar al fútbol antes que a caminar."** (Children learn to play **fútbol** before they learn to walk.)

Some say that **fútbol** is the most difficult of all sports, because you play it with the clumsiest part of your body: your feet. If you watch a game on TV it looks much easier than it actually is.

Here are some rules (there are many) to play **fútbol**. Each team has one **portero** *(goalie)* and ten field players, consisting of **defensas** *(defenders)*, **centrocampistas** *(mid-fielders)*, and **delanteros** *(forwards)*. If a player touches the ball with his/ her arms or hands, she/he is called for **mano** *(hand)*. Any other part of the body is permitted to touch the ball. Stopping an air ball with the chest is **parar con el pecho**, hitting the ball with the head is **rematar de cabeza**. The word **chutar** comes from English *to shoot* and of course means to kick the ball towards the goal. When a goal is scored, the **fanáticos** *(fans)* become delirious as the TV or radio announcer screams: ¡Gol! ¡Gooooooool!

Comprensión

1. The Spanish word for soccer is _____.

2. If a player touches the ball with his/her hand, the umpire will call a

   _____.

3. In Spanish, kicking the ball is _____, which comes from
   English _____.

4. **Rematar de cabeza** means hitting the ball with the _____.

Investigación

1. Tell your classmates which team won the last World Cup, and what countries won it more than twice.

2. Check with newspapers and make a list of some of the soccer teams in the United States.

VOCABULARIO

la boca *mouth*	**la lengua** *tongue*	**solo** *alone*
el brazo *arm*	**la mano** *hand*	**todavía** *yet*
la cabeza *head*	**la nariz** *nose*	
la cara *face*	**el ojo** *eye*	
el corazón *heart*	**la oreja** *ear*	
el cuello *neck*	**el pecho** *chest*	
el cuerpo *body*	**el pelo** *hair*	
el dedo *finger*	**el pie** *foot*	
los dientes *teeth*	**la pierna** *leg*	
el estómago *stomach*	**la vida** *life*	
los labios *lips*		

hacer *to do, make*	**tener que...** *to have to . . .*
tener *to have*	**tener razón** *to be right*
tener calor *to be warm*	**no tener razón** *to be wrong*
tener frío *to be cold*	**tener sed** *to be thirsty*
tener ganas de... *to feel like . . .*	**tener sueño** *to be sleepy*
tener hambre *to be hungry*	**tener suerte** *to be lucky*
tener miedo de *to be afraid of*	**tener _____ años** *to be _____ years old*

¿Qué tiempo hace?

 ¿Qué tiempo hace?

la primavera

En la primavera hace buen tiempo.

el verano

En el verano hace calor.

el otoño

En el otoño hace fresco.

el invierno

En el invierno hace frío.

In addition to these expressions, there are further ways of describing the weather.

Llueve.

Nieva.

Hace sol.

Hace viento.

Actividad A

¿Qué tiempo hace hoy? You are a weather forecaster. Match the following expressions with the correct pictures.

Hace viento.   Hace fresco.   Llueve.
Hace sol.   Hace calor.   Hace buen tiempo.
Hace frío.   Nieva.   Hace mal tiempo.

1. _____   2. _____

3. _____

4. _____

5. _____

6. _____

7. _____

8. _____

9. _____

Do you know which months belong to each season?

la primavera	el verano	el otoño	el invierno
_____	_____	_____	_____
_____	_____	_____	_____
_____	_____	_____	_____

Did you notice how the weather is expressed in Spanish? You use the verb **hacer** *(to make, to do).* **Hacer** has an irregular **yo** form, but in the other forms it is conjugated like a regular **-er** verb:

yo	**hago**	*I do, I make*
tú	**haces**	*you do, you make* (familiar)
Ud.	**hace**	*you do, you make* (formal)
él ella	**hace**	*he does, he makes* / *she does, she makes*
nosotros nosotras	**hacemos**	*we do, we make*
Uds.	**hacen**	*you do, you make* (plural)
ellos ellas	**hacen**	*they do, they make*

NOTE: The verb **hacer** is <u>not</u> used in two weather expressions:

Nieva.	*It snows. It is snowing.*
Llueve.	*It rains. It is raining.*

There are many uses of the verb **hacer** besides weather expressions. Here are some things people can do. Fill in the correct form of **hacer.**

1. ¿Qué _____ Uds. en casa ahora?

2. Mi hermana _____ las tareas todos los días.

3. ¿Qué _____ tú esta noche?

4. Nosotros _____ planes para el verano.

5. María y Carmen _____ mucho ruido *(noise)*.

6. Yo _____ un trabajo importante.

7. Ellos _____ una lista de cosas para comprar.

8. ¿ _____ Ud. la comida hoy?

9. Yo _____ muchas preguntas en clase.

10. Nosotras _____ ejercicio todos los días.

Label these pictures using as many expressions as fit.

1. _____

2. _____

3. _____

4. _____

Actividad E

Working in groups of four, each student reads a card describing a season. Can you tell which season is being described in each?

Las cuatro estaciones

○ Es una estación muy bonita. Llueve un poco pero hace buen tiempo. Hay muchas flores. Todo está verde. Unas fiestas importantes son la Pascua Florida, el Día de las Madres y en los Estados Unidos, el primero de abril, el Día de los Inocentes.

○ La estación es _____.

un poco *a little*

verde *green*
Pascua Florida *Easter*

○ Es la estación favorita de muchos niños porque tienen vacaciones muy largas y no hay clases. Hace mucho calor y mucho sol. Hay mucha gente en las playas. Los días son largos y las noches son cortas. La fiesta más importante en los Estados Unidos es el Día de la Independencia.

○ La estación es _____.

gente *people*
playa *beach*

○ Abren las escuelas y los niños regresan a las clases. Muchos niños están tristes, pero es una estación bonita. No hace frío. No hace mucho calor pero hace mucho viento. Los días de fiesta son el Día de la Raza (el aniversario del descubrimiento de América por Cristóbal Colón), la Noche de Brujas y el Día de Acción de Gracias.

○ La estación es _____.

abrir *to open*
regresar *to return*

el Día de la Raza
   Columbus Day
la Noche de Brujas
   Halloween

○ Hace mucho frío y nieva. Las personas necesitan mucha ropa cuando salen de la casa. Las noches son largas y mucha gente cree que es una estación triste pero hay muchas fiestas populares como la Navidad, el cumpleaños de Lincoln, Washington y King, y el Día de San Valentín (el Día de los Enamorados).

○ La estación es _____.

ropa *clothes*

Actividad F

Complete the sentences based on what you read in the cards.

1. El año tiene cuatro _____.

2. Las estaciones son la _____, el _____,

   el _____ y el _____.

3. La estación de las flores se llama _____.

4. Los muchachos no van a la escuela en _____.

5. En el verano hace mucho _____ y mucho _____.

6. Los niños regresan a la escuela en _____.

7. El día en que celebramos el descubrimiento de América se llama en español

   _____.

8. En el _____ nieva mucho.

9. Muchos niños reciben regalos *(presents)* en _____.

10. El primero de enero celebramos _____.

Para conversar en clase

1. ¿Cuál es tu estación favorita? ¿Por qué?
2. ¿En qué estación hace frío? ¿Calor? ¿Viento? ¿Sol?
3. ¿Por qué es bonita la primavera?
4. ¿Qué tiempo hace en tu ciudad en julio?

Actividad G

Which holidays are suggested by the following pictures? Choose your answers from the following list.

el Año Nuevo	la Navidad
el Cumpleaños de Lincoln	el Día de la Independencia
el Día de Acción de Gracias	el Día de la Raza
el Día de las Madres	la Pascua Florida
el Día de los Enamorados	la Noche de Brujas

1. _____

2. _____

3. _____

4. _____

5. _____

6. _____

7. _____

8. _____

9. _____

10. _____

3 The verb **hacer** has another special use in Spanish. Look at these sentences:

Hace dos años que vivo aquí.	*I have been living here for two years.*
Hace un mes que estudias español.	*You have been studying Spanish for a month.*
Hace una semana que Carlos está enfermo.	*Carlos has been sick for a week.*

In Spanish, the construction **hace** + *an expression of time* + **que** + *the present tense* expresses an action or event that began in the past and is still going on:

EXPRESSION OF TIME			PRESENT TENSE	
Hace	dos años	que	vivo	aquí.
Hace	una semana	que	Carlos está	enfermo.

You are telling a friend for how long you've been doing certain things.

EXAMPLE: estudiar español / un año
Hace un año que estudio español.

1. vivir en la ciudad / cinco años

   _____

2. salir con Rosa (Jorge) / tres meses

   _____

3. tener un automóvil / una semana

   _____

4. practicar judo / seis meses

   _____

5. estar enfermo / cuatro días

   _____

6. ser amigo (amiga) de José / muchos años

   _____

7. trabajar en el verano / dos años

   _____

8. no ver a María / tres semanas

   _____

CONVERSACIÓN

Vocabulario

me gusta *I like (it)*
no sé nadar *I don't know how to swim*
entonces *then*

saber *to know, to know how to*
prácticamente *practically*

Complete this conversation by using appropriate expressions.

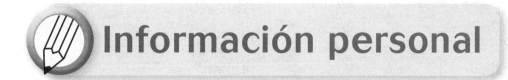

Información personal

Interview your partner. Take turns asking and answering the following questions.

1, ¿Qué días practicas deportes?

_____

2. ¿A qué hora haces la tarea todos los días?

_____

3. ¿Qué haces en tu tiempo libre?

_____

4. ¿Qué haces el Día de la Independencia?

_____

5. ¿Qué haces en el verano?

_____

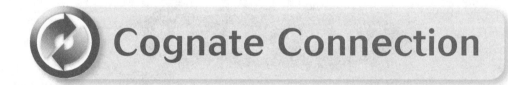

Cognate Connection

Give the meanings of the following Spanish and English words. Then use each English word in a sentence.

SPANISH		ENGLISH COGNATE	
1. agua	*water*	aquatic	*living in water*
2. brazo	_____	embrace	_____
3. ciento	_____	century	_____
4. nuevo	_____	novelty	_____
5. enfermo	_____	infirmary	_____
6. fácil	_____	facilitate	_____
7. alumno	_____	alumni	_____

8. lavar _____ lavatory _____

9. menos _____ minus _____

10. primero _____ primary _____

ENGLISH COGNATES USED IN SENTENCES

1. A shark is an *aquatic* creature.

2. _____

3. _____

4. _____

5. _____

6. _____

7. _____

8. _____

9. _____

10. _____

List some other cognates of Spanish words in this lesson.

1. Do you have a favorite season or time of year? Write a short paragraph in Spanish (about five or six sentences) telling: (a) your favorite season; (b) the months that fall in that season; (c) the kind of weather one can usually expect; (d) the holidays that occur in that season; and (e) two things that you like to do during the season.

2. Select a few pictures from magazines, the Internet, or photographs of friends or members of your family and write a detailed description of what's going on in the picture. Review previous chapters if you need vocabulary. Say who is in the picture, what they look like, what they are doing, how the weather is, and in what season the action takes place. Draw bubbles and make up conversations.

3. Show your teacher and classmates how much you have learned about weather expressions and seasons. Here are some ideas: provide a weather broadcast for the week in Spanish (if you want to express future, you may use the formula **"va a..."** ex.: **El lunes va a llover** *It's going to rain on Monday*). You may also design collages or drawings with text illustrating different seasons.

Cápsula cultural

Do you Want to Hand-Feed a Baby Crocodile?

How would you like to see a troop of monkeys, up-close in their natural habitat, visit a crocodile farm to feed and measure the babies, stand under huge tropical trees covered with magnificent orchids, observe the flights of giant blue butterflies, toucans, quetzals, and explore the 4,662 ft **Monteverde Cloud Forest Preserve** (so named because this biodiversity national preserve is at a much higher altitude than the rainforest below). Here, visitors can, by using an ingenious system of suspension bridges and walkways suspended from treetops, observe the tropical vegetation and wildlife from different points above the rainforest canopy.

If all of this sounds like an amazing adventure, you might want to consider a trip to Costa Rica. This small Central American country is home to about 5 per cent of the earth's known species.

Costa Rica was one of the first Latin American countries to create **parques nacionales** (national parks) and **áreas protegidas** (protected areas).

Today, about 30 per cent of the country consists of national parks, wild refuges, forest and biological reserves and other areas of public and privately held land protected by government and private citizens.

Ecoturismo (ecotourism), responsible travel to natural areas that has low impact on the environment, is hugely popular in Costa Rica. Tens of thousands of the country's visitors travel to biological reserves or national parks attracted to the exotic and diverse wildlife found in the various ecosystems. This type of tourism generates income to help conserve natural resources and benefits local people.

As you can see, Costa Rica is a country that takes protecting the environment very seriously.

Comprensión

1. Some of the species in their natural habitat that can be seen in

   Costa Rica include _____, _____, and

   _____.

2. The _____ is at an altitude of 4,662 ft.

3. Costa Rica was one of the first Latin American countries to create

_____ and _____.

4. Costa Rica is home to about _____.

5. _____ means responsible travel to natural areas that has low

impact on the environment.

Investigación

What's the importance of having national parks and protected areas? Which protected areas are there in the USA?

VOCABULARIO

la primavera *spring*
el verano *summer*
el otoño *fall*
el invierno *winter*
la gente *people*
la playa *beach*

el Día de Acción de Gracias *Thanksgiving*
el Día de la Raza *Columbus Day*
la Noche de Brujas *Halloween*
la Navidad *Christmas*
la Pascua Florida *Easter*

Hace buen tiempo. *It's nice weather.*
Hace calor. *It's hot.*
Hace fresco. *It's cool.*
Hace frio. *It's cold.*
Hace mal tiempo. *It's bad weather.*

Hace sol. *It's sunny.*
Hace viento. *It's windy.*
Llueve. *It's raining.*
Nieva. *It's snowing.*
un poco *a little*

regresar *to return*

Mi casa

1 Look at the pictures and try to guess the meanings of the new words.

la casa

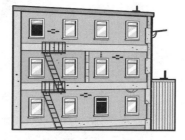

el edificio de apartamentos

el apartamento

el comedor

la sala

el (cuarto de) baño

la cocina

el dormitorio

281

la cama

la mesa

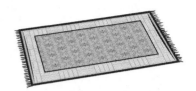

la alfombra

el sillón

el sofá

el televisor

el refrigerador/la nevera

la toalla

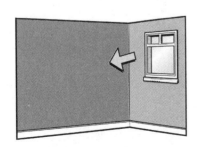

la pared

el techo

el cuadro

Where in your home are each of the following items located?

EXAMPLE: **El sillón está en la sala.**

1. _____

2. _____

3. _____

4. _____

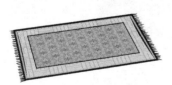

5. _____

6. _____

7. _____

8. _____

Actividad B

You are describing your house. Complete these sentences.

1. Yo estudio en _____.

2. Mi madre prepara la comida en _____.

3. Yo como en _____.

4. Miro la televisión en _____.

5. En la sala hay _____.

6. Yo duermo (*I sleep*) en _____.

 In this lesson you are going to learn how to say that something belongs to someone. You will learn about possession and possessive adjectives.

Es *mi* perro.   **Son *mis* perros.**

Look at the pictures. The girl patting one dog says **Es mi perro**. The other girl, with more than one dog, says **Son mis perros**. How many words are there in Spanish for my? _____ When is **mis** used? _____

Actividad C

Say what you want. Form sentences with **mi** or **mis** using the verb **querer**.

EXAMPLE: cuaderno   **Quiero mi cuaderno.**

1. dinero   _____

2. videojuegos   _____

3. regalos   _____

4. comida   _____

5. mochila   _____

6. computadora   _____

3

Es *tu* gato.   **Son *tus* gatos.**

In these pictures, a boy says to one girl, **Es tu gato** (*It's your cat*) and to the other girl, **Son tus gatos** (*They are your cats*).

How many cats does the first girl have? _____ How many cats does

the second girl have? _____ What are the two words in Spanish for

your (familiar)? _____ When is **tu** used? _____ When

is **tus** used? _____.

Actividad D

You are asking a friend where some people and things are. Form questions with **tu** or **tus** using the expressions: ¿Dónde está? (singular)
                                                                         ¿Dónde están? (plural)

EXAMPLE: bicicleta   **¿Dónde está tu bicicleta?**

1. televisor   _____

2. ojos   _____

3. hermano   _____

4. diccionario   _____

5. amigos   _____

Now look at this group of possessive adjectives:

Es *nuestro* **padre.**

Es *nuestra* **madre.**

Son *nuestros* **amigos.**

Son *nuestras* **amigas.**

Es *nuestro* **padre.**	*It's our father.*
Es *nuestra* **madre.**	*It's our mother.*
Son *nuestros* **amigos.**	*They are our friends.*
Son *nuestras* **amigas.**	*They are our friends.*

What one word of English stands for the four Spanish words **nuestro, nuestra, nuestros,** and **nuestras**? _____

When do you use **nuestro? nuestra? nuestros? nuestras?**_____

Actividad Ⓔ

Some friends are visiting your family and you show them around. Form sentences with **nuestro, nuestra, nuestros,** and **nuestras.**

EXAMPLE: dormitorios   **Aquí están nuestros dormitorios.**

1. sala _____

2. televisor _____

3. (cuarto de) baño _____

4. refrigerador _____

5. lámparas _____

6. cocina _____

7. sillones _____

8. mesas _____

9. ventana _____

10. sillas _____

Es *su* libro.   **Son *sus* libros.**

In these two pictures, a boy is saying **Es su libro** and **Son sus libros**. By now you know that **su** is used with a singular noun and **sus** with a plural noun. The problem here is different: Is the boy talking to the man and saying *It's your book* (formal) or is he pointing to the man and saying *It's his book*? The context of the conversation will usually tell you what **su** and **sus** are referring to. Here are the four different meanings.

	your book (formal)		*your books (formal)*
su libro	*his book*	**sus libros**	*his books*
	her book		*her books*
	their book		*their books*

Actividad F

You're discussing your friends and family. How would you describe their possessions?

EXAMPLE: jeans (la hermana)   **Sus jeans son modernos.**

1. libros (los primos)   _____ son interesantes.

2. bicicleta (el niño)   _____ es negra.

3. perros (Luisa)   _____ son simpáticos.

4. blusa (mamá)   _____es blanca.

5. dormitorio (los abuelos)   _____ es grande.

 Let's summarize all the possessive adjectives.

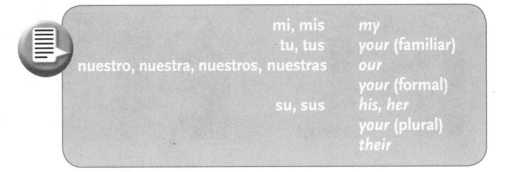

mi, mis	*my*
tu, tus	*your* (familiar)
nuestro, nuestra, nuestros, nuestras	*our*
	your (formal)
su, sus	*his, her*
	your (plural)
	their

Actividad G

Select the correct possessive adjective.

1. (mi, mis) amigos son simpáticos.
2. (tu, tus) cama es cómoda.
3. (nuestro, nuestra, nuestros, nuestras) casas son modernas.
4. (su, sus) sillas son bonitas.

5. (su, sus) tías son jóvenes.
6. (mi, mis) cuarto es grande.
7. (su, sus) fiesta es popular.
8. (su, sus) familia es española.
9. (nuestro, nuestra, nuestros, nuestras) taxi es amarillo.
10. (mi, mis) apartamento es pequeño.

Complete the sentences with the correct possessive adjective.

1. *(our)* _____ profesora es española.

2. *(her)* _____ automóvil es rojo.

3. *(my)* _____ padre trabaja en un garaje.

4. *(our)* _____ amigos corren en el parque.

5. *(your, familiar)* _____ periódico es viejo.

6. *(his)* _____ escuela es moderna.

7. *(their)* _____ médico no trabaja los sábados.

8. *(your, formal)* _____ secretaria sabe español.

9. *(his)* _____ casa tiene muchos cuartos.

10. *(her)* _____ blusas son elegantes.

Restate the sentences, replacing the words in italics with the appropriate possessive adjective form given in parenthesis.

EXAMPLE: Ellos salen de *la* casa. *(her)*   Ellos salen de **su** casa.

1. Yo busco *el* libro de español. *(my)*
2. Yo uso *la* computadora nueva. *(our)*

3. Ellos contestan *las* preguntas difíciles. *(her)*
4. Ellas cantan *la* canción preferida. *(his)*
5. Él entra en *la* casa moderna. *(your formal)*
6. Nosotros estudiamos en *el* dormitorio. *(their)*
7. Tú deseas *las* respuestas. *(your familiar)*
8. Nosotros miramos *el* automóvil. *(your formal)*
9. Ellos compran *la* comida en el supermercado. *(our)*
10. Tú preparas *los* sándwiches. *(their)*

Now you are ready to read this conversation between two young friends, Anita and Luisita. You can see that they're trying hard to impress each other.

Hablar por hablar

ANITA: Buenas tardes, Luisita. ¿Cómo estás?

LUISITA: Regular, Anita. ¡Tengo mucho trabajo!

ANITA: ¿Trabajo? ¿Por qué tienes tanto trabajo?

LUISITA: **Nuestra** familia vive en una casa muy grande. Hay muchos cuartos y yo siempre ayudo a **mi** mamá con los quehaceres de la la casa.

ayudar *to help*
quehaceres *household chores*

ANITA: Ah, sí, comprendo perfectamente. **Nuestro** apartamento es inmenso. Tenemos diez cuartos. **Mis** padres tienen un dormitorio muy grande. **Mi** dormitorio es muy bonito y **mi** hermano tiene un televisor y una computadora en **su** dormitorio.

LUISITA: ¿Cuántos cuartos de baño tienes en **tu** apartamento?

ANITA: Tres. También tenemos una sala enorme, un comedor donde comemos y una cocina donde trabaja **nuestra** cocinera.

la cocinera *cook*

LUISITA: Sí, nosotros también tenemos una cocinera para preparar y para servir la comida.

(Entra la mamá de Luisita.)

MAMÁ (a **su** hija): Luisita, ¿por qué dices que tenemos una cocinera? Tú sabes que no es verdad.

dices *you say*
no es verdad *it isn't true*

LUISITA: Yo sé, mamá. Pero eso es sólo hablar por hablar. Anita sabe que **nuestras** familias viven en apartamentos pequeños.

es hablar por hablar *it's just talk*

Complete the sentences based on the story.

1. Luisita y Anita son _____.

2. Luisita siempre _____ a su mamá con _____.

3. Luisita responde que su casa tiene _____.

4. El apartamento de Anita es _____ y tiene _____.

5. La cocinera prepara la comida en _____.

6. La familia come en _____.

7. En el apartamento de Anita hay _____ dormitorios y

   _____ cuartos de baño.

8. La mamá de Luisita dice que su familia no tiene _____.

9. La verdad es que Anita y Luisita viven en _____.

10. Cuando las chicas dicen cosas exageradas eso es _____.

Para conversar en clase

1. En las ciudades grandes, ¿dónde vive mucha gente?

2. Compara una casa con un apartamento. ¿Qué es diferente? ¿Qué es similar?

3. ¿Qué prefieres tú? ¿Por qué?

Vocabulario

el aire acondicionado *air conditioning* **totalmente gratis** *absolutely free*

Complete the following dialog using words you've learned so far.

Información personal

Interview your partner. Take turns asking and answering the following questions.

1. ¿Vives en una casa o en un apartamento?

   _____

2. ¿Cuántos dormitorios hay en tu casa?

   _____

3. ¿Cuántos pisos tiene tu casa (el edificio donde vives)?

   _____

4. ¿Dónde está la televisión en tu casa?

   _____

5. ¿Dónde comen ustedes?

   _____

6. ¿Qué muebles (*furniture*) hay en la sala de tu casa?

   _____

7. ¿Cuál es tu lugar favorito de la casa? ¿Por qué?

   _____

Cognate Connection

Give the meanings of the following Spanish and English words. Then use each English word in a sentence.

SPANISH		ENGLISH COGNATE	
1. aprender	*to learn*	apprentice	*beginner in a trade or occupation*
2. bailar	_____	ballet	_____
3. cantar	_____	chant	_____

4. cuanto	_____	quantity	_____
5. día	_____	diary	_____
6. escribir	_____	inscribe	_____
7. feliz	_____	felicity	_____
8. diez	_____	decimal	_____
9. libre	_____	liberty	_____
10. pobre	_____	poverty	_____

ENGLISH COGNATES USED IN SENTENCES

1. In order to become a skilled carpenter, one has to start out as an *apprentice*.

2. _____

3. _____

4. _____

5. _____

6. _____

7. _____

8. _____

9. _____

10. _____

List some other English cognates of the Spanish words in this lesson.

Work in groups. Draw or bring a picture of a house and label the rooms and their furniture in Spanish. Present your work to the rest of the class.

Cápsula cultural

Home, Sweet Home

Throughout the Spanish-speaking world there are many types of housing. In big cities people are likely to live in **edificios de apartamentos** *(apartment buildings)*. Very often there is a **portero/a** *(doorman)* who tends to the door. Out of town, where there is more space, people live in houses built in the traditional style of the region in which they live, as well as in modern houses.

The traditional Spanish house, particularly in Southern Spain, is built around an open yard or court. This inner courtyard is called **el patio**. The patio is filled with potted plants and flowers and at times even has benches and a fountain. This arrangement allows the family to relax outdoors in the sun while at the same time, enjoy the privacy of a closed-in area within their home.

The typical Spanish home has a roof of curved, red tiles **(tejas)**, a wrought-iron or wooden balcony, and iron grills **(rejas)** covering the ground floor windows. These iron bars let in fresh air while protecting the house.

They have also led to an interesting Spanish custom. Before being allowed into the home to be introduced to the girl's parents, the boyfriend got to know the girl by conversing with her through the iron grill. This custom was humorously called **"comer hierro"** (to eat iron).

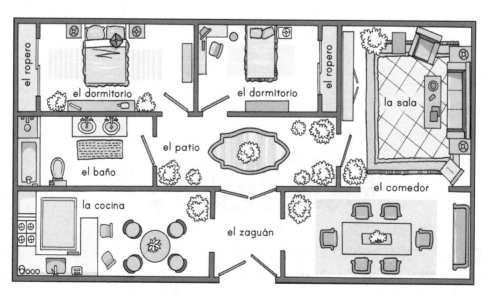

Comprensión

1. In the big cities of the Spanish-speaking world, people are likely to live in

   _____.

2. The traditional Spanish house is built around an open _____

   called _____.

3. In apartment buildings, very often there is a _____ who tends to

   the door.

4. The typical Spanish home has a roof of _____ called

   _____.

5. _____ are iron grills covering the ground floor windows.

Investigación

Find pictures of Spanish colonial architecture. In what parts of the United States are these homes generally found? What are some of the advantages of this type of building?

VOCABULARIO

el apartamento *apartment*	**el dormitorio** *bedroom*	**la sala** *living room*
el baño *bathroom*	**el edificio** *building*	**el sillón** *armchair*
la cama *bed*	**la mesa** *table*	**el sofá** *sofa*
la casa *the house*	**la nevera** *refrigerator*	**el techo** *ceiling*
la cocina *kitchen*	**la pared** *wall*	**el televisor** *TV set*
el comedor *dining room*	**el refrigerador**	**la toalla** *towel*
el cuadro *painting*	*refrigerator*	

mi(s) *my*	**aquí están** *here are*	**ayudar** *to help*
nuestro, a (s) *our*	**es hablar por hablar** *it's*	**gratis** *free*
tu(s) *your* (fam.)	*just talk*	
su(s) *your* (formal), *his,*	**no es verdad** *it isn't true*	
her		

La comida

What to Say When You Like Something; the Verb **gustar**

 Las comidas del día

EL DESAYUNO

el jugo de naranja

el cereal con leche

los huevos fritos
y el tocino

la tostada con mantequilla

la taza de café

el azúcar

Actividad A

Las comidas para hoy. Our chef today is **Carlos el cocinero**. He has prepared three meals for us. Here is the first: breakfast. Can you describe in Spanish what it consists of?

EXAMPLE: **Hay tostadas.**

EL ALMUERZO

el sándwich de jamón y queso

la ensalada de lechuga y tomate

la mayonesa

la mostaza

la sal

la pimienta

las papas fritas

la soda/el refresco

la pera

la manzana

las uvas

Here is Carlos the Cook's menu for our lunch. Tell what's on the table.

EXAMPLE: **Para almorzar hay papas fritas.**

Actividad C

You are having lunch with several friends at a restaurant and you need certain items.

EXAMPLE: **Necesito la sal, por favor.**

1. _____

2. _____

3. _____

4. _____

5. _____

LA CENA / LA COMIDA

el pan

la sopa

el pollo

el bistec

el rosbif

el arroz con frijoles

las papas

las legumbres
los vegetales

el pudín (de chocolate)

el helado (de vainilla)

Actividad **D**

And here is our dinner. Describe it.

EXAMPLE: **Para cenar hay pollo.**

Actividad E

You ask the waiter what the special is for today. Here is what he says.

Primero hay [img] de [img] . También hay [img] o [img] con [img] y [img] o [img] . Finalmente hay [img] , [img] o [img] [img] . El [img] y la [img] están incluídos.

Other useful words:

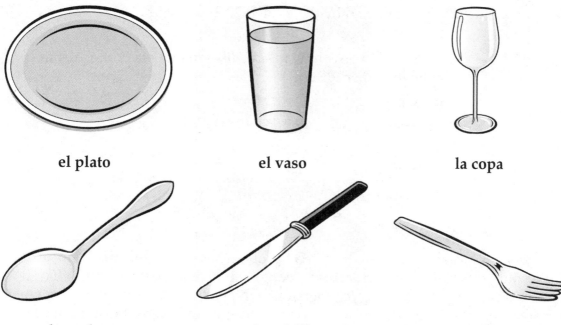

el plato   **el vaso**   **la copa**

la cuchara   **el cuchillo**   **el tenedor**

2 Look carefully at these sentences using forms of the verb **gustar** (*to like*):

I	II
Me gusta el jugo de naranja.	Me gustan las manzanas.
Me gusta el jamón.	Me gustan el jamón y el queso.
Me gusta el pan.	Me gustan los huevos fritos.

Me gusta and **me gustan** mean *I like* in Spanish. What's the difference between the two expressions? How many items are referred to in each example in Group I? _____ How many items are referred to in the examples in Group II? _____.

If what you like is SINGULAR, use **me gusta.**
If what you like is PLURAL, use **me gustan.**

Use the correct form of **gustar** with the following:

_____ la leche.   _____ el fútbol.

_____ las naranjas.

What if you like an activity? Look at these examples:

Me gusta comer.	*I like to eat.*
Me gusta jugar al fútbol.	*I like to play soccer.*
Me gusta nadar.	*I like to swim.*

Me gusta is used when followed by the INFINITIVE of a verb.

3 Now that you know how to say *I like*—**me gusta** or **me gustan**— here are the other forms:

me gusta(n)	*I like*
te gusta(n)	*you like* (familiar)
	you like (formal)
le gusta(n)	{ *he likes*
	she likes
nos gustan(n)	*we like*
les gusta(n)	{ *you like* (plural)
	they like

NOTE: With **gustar,** never use the subject pronouns **yo, tú, él, ella, Ud., nosotros, Uds., ellos, ellas.** The reason for this is that **gustar** doesn't really mean *to like*; it means *to please* or *to be pleasing to*. Therefore, when we say **Me gusta la sopa,** what we are actually saying is *the soup pleases me*, **Nos gustan las ensaladas** means *the salads please us*, etc.

4   What happens when you don't like or when someone doesn't like something? Simply place the word **no** before the pronoun:

No me gusta la sopa.   *I don't like (the) soup.*
No le gustan las legumbres.   *He/She doesn't (You don't) like vegetables.*

Complete:

1. We don't like the apples.   _____ _____ gustan las manzanas.

2. He doesn't like the mayonnaise. _____ _____ gusta la mayonesa.

Asking a question is even simpler. Just use a rising pitch of voice when speaking or place question marks when writing.

¿Te gusta el pollo?   *Do you like (the) chicken?*
¿No les gustan los vasos?   *Don't you like the glasses?*

Complete:

1. Do you (formal, sing.) like the meal?   _____ _____ la comida?

2. Do they like the eggs?   _____ _____ los huevos?

Match the English meaning with the Spanish expression. Write the matching letter in the space provided.

1. Me gusta el cine.   _____   **a.** He doesn't like to write.

2. ¿Te gusta mi planta?   _____   **b.** Does she like the flowers?

3. No le gusta escribir.   _____   **c.** I don't like caps.

4. Nos gustan los días de fiesta. _____   **d.** Do you like my plant?

5. ¿Le gustan las flores?   _____   **e.** They like vegetable soup.

6. ¿No les gusta la soda fría?   _____   **f.** I like the movies.

7. No me gustan las gorras.   _____   **g.** You like the tomato salad.

8. Les gusta la sopa de legumbres. _____ **h.** We like the white house.

9. Te gusta la ensalada de tomates. _____ **i.** Don't they like cold soda?

10. Nos gusta la casa blanca.   _____   **j.** We like the holidays.

Actividad G

You are discussing your likes and dislikes with some people. Write a sentence for each subject (indicated by the pronoun in parentheses).

EXAMPLES: el café (yo)   **Me gusta el café.**
           no / los deportes (nosotros)   **No nos gustan los deportes.**

1. caminar (nosotros) _____

2. no / el teatro (tú) _____

3. estudiar español (ellos) _____

4. la leche fría (ella) _____

5. las clases de español (Ud.) _____

6. la comida mexicana (yo) _____

7. no / estudiar mucho (Uds.) _____

8. las manzanas rojas (nosotros) _____

9. no / la mostaza (tú) _____

10. los huevos fritos (él) _____

Actividad H

Work with a partner. Find out if he or she likes the following.

           YOU: (hablar por teléfono) **¿Te gusta hablar por teléfono?**
YOUR PARTNER: **Sí me gusta hablar por teléfono** *or* **No me gusta hablar por teléfono.**

1. las legumbres
2. lavar los platos
3. el helado de chocolate
4. usar la computadora
5. las hamburguesas

6. limpiar la casa
7. comprar ropa *(clothes)* nueva
8. las vacaciones de verano
9. los mosquitos
10. el béisbol

As you have probably noticed, a problem may arise when **le** or **les** is used with forms of **gustar**. Imagine that you had to say something like this in Spanish:

She likes to dance and he likes to sing. What do you like to do?

If you say

Le gusta bailar y le gusta cantar. ¿Qué le gusta hacer?

the meaning would not be clear. So, for clarity, you say:

A ella le gusta bailar y a él le gusta cantar. ¿Qué le gusta hacer a usted?

To clarify the meaning of **le gusta, les gusta, le gustan,** or **les gustan,** use **a** plus the personal pronoun (**él, ella, ellos, ellas, Ud.** or **Uds.**):

> *A ellos* **les gusta mirar la televisión.**
> *A usted* **no le gusta trabajar.**
> **¿***A ella* **le gustan las rosas?**

Now look at one more situation involving the use of gustar:

> *A Jorge* **le gustan las frutas.**
> *A los niños* **les gustan los helados.**

To say that someone (name or a noun) likes or dislikes something, use **a** plus the name or noun before **le(s) gusta(n).** (Remember that **a** + **el** = **al: Al niño le gusta el helado.**)

Work with a partner. Ask a question using the noun in parenthesis and the verb **gustar**. Answer with an affirmative or negative sentence.

YOUR PARTNER: Juan / el béisbol **¿A Juan le gusta el béisbol?**
        YOU: **Sí, a Juan le gusta el béisbol** *or* **No, a Juan no le gusta el béisbol.**

1. el bebé / la sopa

_____

2. ella / los insectos

_____

3. los niños / los videojuegos

_____

4. Juanita / organizar fiestas con amigos

_____

5. Pedro / hablar por teléfono

_____

6. los profesores / las vacaciones

_____

7. el abuelo / el invierno

_____

8. los jóvenes / mirar la televisión

_____

Now enjoy this conversation in a restaurant:

Una cena en el restaurante

CAMARERO: Muy buenas tardes.

SR. QUESADA: Buenas tardes. Una mesa para dos, por favor.

CAMARERO: Aquí está. ¿Desean Uds. tomar algo?

SR. QUESADA: No, gracias. ¿Tiene Ud. la **carta**?

SRA. DE QUESADA: Ay, **me gusta** comer en un restaurante. ¡Hay muchas cosas diferentes! ¿No **te gusta** también, mi vida?

SR. QUESADA: Sí, claro. Bueno, yo quiero pollo con papas fritas y un refresco. Y de postre, un helado de vainilla.

SRA. QUESADA: Oh, no, Pepe. Yo creo que tú estás muy gordo. No necesitas ni papas fritas ni helado. También, el azúcar no es bueno para la salud. ¿No **te gustan** los huevos?

el camarero
waiter

tomar (beber)
to drink

la carta _menu_

mi vida _my darling_

claro _of course_

ni... ni
neither. . . nor
la salud _health_

SR. QUESADA: Pero Lupita, mi amor...

SRA. QUESADA: Camarero, dos huevos duros, una tostada y un vaso de agua fría para mi marido.

SR. QUESADA: ¡Ay de mí!

CAMARERO: Ud., señora, ¿qué va a pedir?

SRA. QUESADA: Como soy flaca, yo yoy a comer un bistec con puré de papas, una soda y de postre, un pudín de chocolate. **Nos gusta** tanto comer en los restaurantes, amorcito, ¿no es verdad?

huevos duros
hard-boiled eggs
¡Ay de mí!
poor me
puré de papas
mashed potatoes
amorcito *dear, honey*

¿No es verdad?
Right?

Actividad J

Answer these questions in complete sentences.

1. ¿Dónde están los señores Quesada?

   _____

2. ¿Les gusta a ellos comer en restaurantes?

   _____

3. ¿Qué desea el Sr. Quesada?

   _____

4. ¿Qué le gusta de postre?

   _____

5. ¿Qué cree la señora Quesada?

   _____

6. Según *(according to)* la señora Quesada, ¿qué debe comer su marido?

   _____

7. ¿Cómo es la señora Quesada?

   _____

8. ¿Qué le gusta comer a ella?

_____

9. ¿Le gustan los huevos duros al Sr. Quesada?

_____

10. ¿Qué carne le gusta a la señora Quesada?

_____

Para conversar en clase

1. ¿Qué te gusta pedir en tu restaurante favorito?

_____

2. ¿Qué comes para el desayuno?

_____

3. ¿Qué frutas te gustan?

_____

4. ¿Cuál es tu almuerzo favorito?

_____

5. ¿Cuál es tu restaurante favorito?

_____

6. ¿Prefieres comer carne o vegetales?

_____

7. ¿Qué comidas son buenas o malas para la salud?

_____

8. ¿Qué alimentos necesitas comer para ser fuerte?

_____

CONVERSACIÓN

You are the second person in the dialog. Write an original response to each dialog line.

Información personal

Interview your partner, and find out what he or she likes to eat. Switch roles and answer your partner's questions.

1. ¿Qué te gusta comer para el desayuno?

2. ¿Qué te gusta comer para el almuerzo?

3. ¿Qué te gusta comer para la cena?

_____   _____   _____

_____   _____   _____

_____   _____   _____

_____   _____   _____

¡Practícalo!

The Spanish Club is planning a Food Festival to honor the members of the parents association. Each guest has likes and dislikes. Tell who likes or dislikes what.

EXAMPLE: **Al Sr. Mendoza le gustan las ensaladas mixtas.**

Invitados

1. el Sr. Mendoza
2. la presidenta de la clase
3. los profesores del departamento de lenguas
4. la secretaria de la escuela
5. el reportero local
6. las hermanas García del comité social
7. el director de la escuela
8. el senador Montoya
9. el Sr. y la Señora Pereda
10. la tesorera de la organización

Platos

a. la ensalada mixta
b. el arroz con pollo
c. el bistec
d. las papas fritas
e. el pudín de chocolate
f. el arroz con frijoles
g. las frutas tropicales
h. los tacos
i. la tortilla de patatas
j. el pudín de chocolate
k. las enchiladas
l. el jamón
m. el chocolate caliente con churros
n. las aceitunas rellenas

Cápsula cultural

El sándwich cubano

Have you ever eaten a hero, a hoagie, or a sub (marine)? These are all, of course, different names for that wonderful sandwich made from a half-loaf of crisp Italian or French bread and filled with all sorts of cold cuts, cheeses, spreads, and other delicacies.

But did you know that Latin American countries have a similar food item called **un cubano**? This sandwich is made from long, crusty bread called **pan de flauta** (*flute bread*) and is filled with **jamón** (*ham*), **mortadela** (*a type of bologna*), **pierna de puerco** (*fresh pork*), **queso** (*cheese*), and **pepinillos** (*pickles*). It is placed on the oven just before being served, so that the cheese melts.

But what if you're not hungry enough to finish a whole **cubano**? No problem. If you are in Little Havana (the Cuban section of Miami), just drop into any food shop or restaurant and order **una medianoche** (*a midnight*), which is the same filling on a roll.

And, if you're thirsty? Then, you've got to have a **batido**, an ice-cold shake made from tropical fruits. Would you like to make one for yourself? The main ingredients of every **batido** are fruit (bananas, pineapple, or other fruits), milk, sugar, crushed ice, and—if you really want a thick, rich shake—a raw egg. Mix all the ingredients in a blender for two to three minutes, pour into a tall glass, and enjoy!

Comprensión

1. The bread used in a **cubano** is _____.

2. **Mortadela** is a type of _____.

3. A smaller version of the **cubano** is a _____.

4. The Cuban section of Miami is called _____.

5. A popular tropical fruit drink is _____.

Investigación

Find out about the Cuban Americans in the United States. How many are there? Where do they live principally? What are some of their contributions to our country—in food, music, business, and the arts?

VOCABULARIO

el **almuerzo** *lunch*
el **arroz** *rice*
el **azúcar** *sugar*
el **bistec** *steak*
el **café** *coffee*
la **carne** *meat*
la **cena** *dinner*
el **cereal** *cereal*
el **desayuno** *breakfast*
la **ensalada** *salad*
los **frijoles** *beans*
el **helado** *ice cream*
el **huevo** *egg*

los **huevos duros**
   hard-boiled eggs
el **jamón** *ham*
el **jugo** *juice*
la **leche** *milk*
la **lechuga** *lettuce*
las **legumbres** *vegetables*
la **mantequilla** *butter*
la **manzana** *apple*
la **mostaza** *mustard*
la **naranja** *orange*
el **pan** *bread*
las **papas fritas** *French fries*

la **pera** *pear*
la **pimienta** *pepper*
el **pollo** *chicken*
el **queso** *cheese*
la **sal** *salt*
la **sopa** *soup*
el **tomate** *tomato*
la **tostada** *toast*
las **uvas** *grapes*
los **vegetales** *vegetables*

la **copa** *wine glass*
la **cuchara** *spoon*
el **cuchillo** *knife*
el **plato** *dish*
el **vaso** *glass*
la **taza** *cup*
el **tenedor** *fork*

me gusta... *I like . . .*
¡Claro! *Of course!*

el **camarero** *waiter*
salud *health, cheers!*

Repaso IV

Lección 13

a. The verb **tener** is an irregular verb meaning *to have*.

yo	**tengo**	nosotros	}	**tenemos**
tú	**tienes**	nosotras		
Ud.	} **tiene**	Uds.	}	**tienen**
él, ella		ellos, ellas		

b. Learn the meanings of these special expressions with **tener**. They may be used with any subject representing a person or animal.

tener calor	*to be warm*
tener frío	*to be cold*
tener hambre	*to be hungry*
tener sed	*to be thirsty*
tener razón	*to be right*
no tener razón	*to be wrong*
tener sueño	*to be sleepy*
tener suerte	*to be lucky*
tener miedo	*to be afraid*
tener _____ años	*to be _____ years old*
tener que + infinitive	*to have to*
tener ganas de	*to feel like*

EXAMPLES:

Yo tengo calor.	*I'm warm.*
Nosotros tenemos sed.	*We're thirsty.*
Mi mamá tiene que trabajar.	*My mother has to work.*

If the subject is not a person or an animal, use the verb **estar**:

La comida está fría.	*The food is cold.*

Lección 14

a. The verb **hacer** is an irregular verb meaning to make, to do.

yo	hago	nosotros ⎫	
tú	haces	nosotras ⎬	hacemos
Ud. ⎫		Uds. ⎫	
él ⎬	hace	ellos ⎬	hacen
ella ⎭		ellas ⎭	

b. **Hacer** is used in expressions of weather:

Hace (mucho) calor.	*It's (very) hot.*
Hace (mucho) frío.	*It's (very) cold.*
Hace fresco.	*It's cool.*
Hace (mucho) sol.	*It's (very) sunny.*
Hace (mucho) viento.	*It's (very) windy.*
Hace buen tiempo.	*It's beautiful.*
Hace mal tiempo.	*It's bad (weather).*

Note also:	**Llueve.**	*It's raining.*
	Nieva.	*It's snowing.*

c. **Las estaciones**

la primavera	*spring*
el verano	*summer*
el otoño	*fall*
el invierno	*winter*

Lección 15

The possessive adjectives are used to express that something belongs to someone:

mi, mis	*my*
tu, tus	*your* (familiar)
nuestro, nuestra, nuestros, nuestras	*our*
su, sus ⎧	*your* (formal)
⎨	*his, her*
⎩	*your* (plural)
	their

Lección 16

a. Expressing *to like* in Spanish:

me gusta(n)	*I like*
te gusta(n)	*you like* (familiar)
le gusta(n) {	*you like* (formal) *he likes* *she likes*
nos gusta(n)	*we like*
les gusta(n) {	*you like* (plural) *they like*

> Un poema romántico
>
> **Me gusta la leche,**
> **Me gusta el café,**
> **Pero más me gustan**
> **Los ojos de usted.**

b. For clarity add **a** + pronoun, noun, or name:

A Juan le gusta el invierno.	*John likes winter.*
A Ud. le gusta la playa.	*You like the beach.*
A los perros no les gustan los gatos.	*Dogs don't like cats.*

Actividad **A**

Buscapalabras. In this puzzle, you will find sixteen parts of the body and five objects seen around the house. The words may be read from left to right, right to left, up or down, or diagonally.

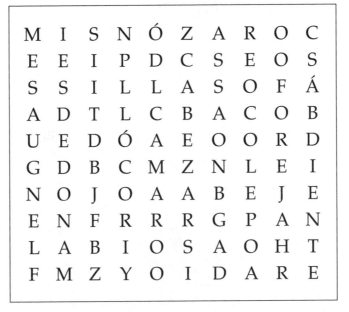

M	I	S	N	Ó	Z	A	R	O	C
E	E	I	P	D	C	S	E	O	S
S	S	I	L	L	A	S	O	F	Á
A	D	T	L	C	B	A	C	O	B
U	E	D	Ó	A	E	O	O	R	D
G	D	B	C	M	Z	N	L	E	I
N	O	J	O	A	A	B	E	J	E
E	N	F	R	R	R	G	P	A	N
L	A	B	I	O	S	A	O	H	T
F	M	Z	Y	O	I	D	A	R	E

After filling in all the letters, look at the vertical box to find today's weather report.

1. ___ ___ ___ ___ ___ ___

2. ___ ___ ___ ___ ___

3. ___ ___ ___ ___

4. ___ ___ ___ ___ ___

5. ___ ___ ___ ___

6. ___ ___ ___

7. ___ ___ ___ ___

8. ___ ___ ___ ___ ___ ___

9. ___ ___ ___ ___ ___ ___ ___

10. ___ ___ ___ ___

Pepe works in a restaurant called **El Bohío** (*The Hut*). Here's a list of all the foods and drinks served in the restaurant.

agua mineral
arroz con pollo
bistec
café
coctel de frutas
chuletas de puerco (*pork chops*)
ensalada de lechuga y tomate
hamburguesa con queso
helado de vainilla o de chocolate
huevos fritos con jamón
jugo de naranja o de tomate

leche fría
pollo frito
pudín de pan
rosbif
sardinas
sodas variadas
sopa de pollo
sopa de verduras (*vegetable soup*)
té

Pepe's boss wants him to make up a proper menu. Can you help him?

Restaurante El Bohío

menú

Sopas y Aperitivos

Postres

Platos Principales

Bebidas

Actividad D

You are preparing a meal. The guests will arrive soon. See what's on the table. You may have forgotten a few things. Here's a check list.

	Sí	No			Sí	No
1. la pimienta	_____	_____	**11.** el jamón		_____	_____
2. las sardinas	_____	_____	**12.** la sal		_____	_____
3. los platos	_____	_____	**13.** el azúcar		_____	_____
4. la sopa	_____	_____	**14.** la mantequilla		_____	_____
5. el café	_____	_____	**15.** el pan		_____	_____
6. la ensalada	_____	_____	**16.** la soda		_____	_____
7. la mostaza	_____	_____	**17.** la mayonesa		_____	_____
8. el queso	_____	_____	**18.** las frutas frescas		_____	_____
9. los vasos	_____	_____	**19.** el bistec		_____	_____
10. el pollo	_____	_____	**20.** las hamburgesas		_____	_____

Make a list of all the items you need.

Necesito _____.

Actividad **E**

Crucigrama

HORIZONTALES

1. dining room	**22.** soup
5. thin	**24.** I give
7. to be	**25.** he drinks
8. she sees	**28.** eleven
10. my	**29.** to leave, go out
12. I wish	**30.** to be
14. bed	**33.** year
15. eyes	**34.** days
17. of the (masc.)	**36.** tall
18. salt	**38.** pear
19. four	**39.** I read
20. contraction	

VERTICALES

1. food, meal	**21.** lips
2. he is	**23.** she
3. fingers	**26.** verb ending
4. ears	**27.** to be
5. ugly	**29.** soda
6. bathroom	**31.** chicken
8. you see	**32.** sun
9. glass	**35.** to the (masc.)
11. living room	**37.** definite article
13. alone	
16. his	
19. heat	

Actividad F

Which holidays are suggested by the pictures? Which season do they fall in? What's the weather like then?

1. _____

_____

_____

2. _____

_____

_____

3. _____

_____

_____

4. _____

_____

_____

Actividad G

Each of the following has a problem. What is it? Use expressions with **tener**.

1. Josefa _____.

2. Ellos _____

3. Roberto _____ .   **4.** El perro _____ .   **5.** Nosotros _____ .

Actividad H

Picture Story. Can you read this story? Much of it is in picture form. When you come to a picture, read it as if it were a Spanish word.

Los  dicen que el moderno y la moderna necesitan

hacer más ejercicio. Muchas personas no usan las partes de su .

Usan las   y los sólo para , no para

trabajar. No usan las para ir al trabajo. Toman un , el

o el . Nos gusta y mucho a las de la

mañana o a las de la noche. Vivimos en pequeños y calientes.

Los y los no corremos en el y no

trabajamos en la . Muchas personas pasan todo el día en un

mirando la .

Quinta Parte

¿Dónde está?

How to Tell Where Things Are: Common Prepositions

1 Vocabulario

el café

la fábrica

la iglesia

la biblioteca

la oficina

el supermercado

la estación de trenes

la terminal de autobuses

la parada de autobús

el aeropuerto

el banco

el centro comercial

Actividad A

These people are all in different places. Where are they?

EXAMPLE:
Mario está en el aeropuerto.

1. Los señores Pérez

_____

2. Ustedes

_____

3. El administrador

_____

4. Tú

_____

5. Nosotros

_____

6. Mis amigos

_____

7. Mi mamá

_____

8. Las secretarias

_____

9. Yo

_____

10. Las muchachas

_____

Actividad B

What do we do in these places?

EXAMPLE: fábrica / nosotros / trabajar   **En la fábrica nosotros trabajamos.**

1. restaurante / la familia / comer

_____

2. café / yo / beber café

_____

3. oficina / la secretaria / usar la computadora

_____

4. estación de trenes / el turista / tomar el tren

_____

5. biblioteca / los estudiantes / leer libros

_____

6. centro comercial / mis amigos y yo / comprar ropa

_____

7. aeropuerto / la gente / ver aviones

_____

8. banco / mis padres / tener dinero

_____

9. tienda de comestibles / Alberto y Rosa / comprar comida

_____

2 **¿Dónde está todo el mundo?** (*Where is everybody?*) Read the story and look at the picture. The expressions in bold type are prepositions. They tell you where the people and things are. Can you figure out what they mean?

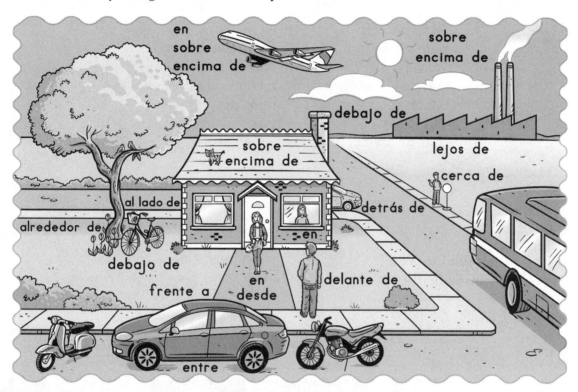

¿Dónde está todo el mundo?

Aquí vemos la calle donde vive la familia Sánchez. Es una calle bonita de casas pequeñas, jardines, árboles y flores. **Al lado de** la casa de los Sánchez hay un árbol grande. **En** el árbol hay dos pájaros. **Alrededor del** árbol hay unas flores. Son rosas rojas. **Debajo del** árbol hay una bicicleta. Es la bicicleta de Lupita, la hija de los Sánchez. Lupita tiene doce años. Su mamá está **en** la casa. Mira **por** la ventana al amigo de Lupita que está **en** la calle, **delante de** la casa. El automóvil del señor Sánchez está **frente** a la casa, **entre** dos motocicletas. **Detrás de** la casa hay otra calle. Otro automóvil pasa **por** esa calle. La parada del autobús está **cerca de** la casa.

el pájaro bird

En el aire hay un avión. El avión está ahora **sobre** la casa de los Sánchez. El sol está **en** el cielo pero hay también nubes. El sol está **encima de** las nubes. Las nubes están **debajo del** sol.

el cielo sky
la nube cloud

El señor Sánchez trabaja **en** una fábrica que está **lejos de** la casa.

Lupita está **en** la puerta de la casa y **desde** allí busca a su gato. ¿Sabe Ud. dónde está el animal?

allí there

Did you guess the meanings of the prepositions?

PREPOSITIONS

al lado de *beside*	**en** *in, on, at*
alrededor de *around*	**encima de** *above*
cerca de *near*	**entre** *between, among*
debajo de *below; under*	**frente a** *opposite, facing*
delante de *in front of*	**lejos de** *far from*
desde *from*	**por** *through; by*
detrás de *behind*	**sobre** *above, on*

Remember: If the preposition **de** comes directly before the article **el,** the two words combine to form the contraction **del**:

  alrededor del árbol   *around the tree*
  (de + el) árbol = del árbol

Answer these questions based on the previous story.

1. ¿Dónde está el árbol?

 _____

2. ¿Qué hay en el árbol?

 _____

3. ¿Dónde está la bicicleta de Lupita?

 _____

4. ¿Qué hay alrededor del árbol?

 _____

5. ¿Dónde está el sol?

 _____

6. ¿Dónde está el amigo de Lupita?

_____

7. ¿Dónde está el automóvil del señor Sánchez?

_____

8. ¿Dónde está la fábrica?

_____

9. ¿Qué hay cerca de la casa?

_____

10. ¿Dónde está el avión ahora?

_____

11. ¿Qué hay detrás de la casa de los Sánchez?

_____

12. ¿Dónde está el gato de Lupita?

_____

Para conversar en clase

Work with a partner, who will ask the questions below. You can try to trick him (her) by giving a _wrong_ answer which must be _corrected_.

YOUR PARTNER: **¿Dónde está el sofá?**
YOU: **El sofá está en el baño.**
YOUR PARTNER: **No, señor/a. El sofá está en la sala.**

1. ¿Dónde está tu cama?

2. ¿Dónde miras la televisión?

3. ¿Dónde están los platos en tu casa?

4. ¿Dónde usas la computadora?

5. ¿Dónde preparas la tarea?

Actividad D

¿Dónde estoy yo?

1. Yo estoy **cerca (al lado) de** la mesa.

2. Yo estoy _____ la mesa.

3. Yo estoy _____ la mesa.

4. Yo estoy _____ la mesa.

5. Yo estoy _____ la mesa.

6. Yo estoy _____ la mesa y la silla.

7. Yo estoy _____ la mesa.

Using the prepositions you have learned, take turns with a partner to ask and tell where the following things are located in your classroom.

YOUR PARTNER: **¿Dónde está la pizarra?**
YOU: **La pizarra está delante de la clase.**

1. El profesor / La profesora

2. La puerta

3. Tu escritorio

4. Tu libro de español

5. La ventana

6. Los alumnos

7. La tiza

8. Un(a) amigo(a)

9. Tu silla

10. El reloj

Actividad F

¿Dónde está todo el mundo ahora? Here we have the Sánchez house again, but things are a little different now. Can you tell where everything is? Fill in the correct preposition plus article or contraction to complete the sentences.

1. El árbol está _____ casa.

2. Hay un gato _____ árbol.

3. La bicicleta de Lupita está _____ casa.

4. Las flores están _____ ventana.

5. La madre de Lupita está _____ casa.

6. Hay un perro _____ parada del autobús.

7. Las nubes están _____ cielo.

8. El hermano de Lupita está _____ la puerta de la casa.

9. El avión está _____ aire _____ casa.

10. El automóvil está _____ árbol.

11. El policía está _____ parada del autobús.

12. Los pájaros están _____ casa.

Vocabulario

con frecuencia *frequently*
tantas *so many*

DIÁLOGO

Complete this dialog by using expressions you have learned in this chapter.

Información personal

a. Interview your partner. Take turns asking and answering the following questions.

   1. ¿Dónde trabajan tus padres, lejos o cerca de la casa?

   _____

   2. ¿Qué hay frente a tu casa?

   _____

   3. ¿Qué hay sobre tu escritorio?

   _____

   4. ¿Qué hay en las paredes de tu cuarto?

   _____

   5. ¿Qué hay detrás de tu casa?

   _____

b. Tell where the following things are with respect to your home or other landmarks.

   1. La escuela _____ .

   2. La parada del autobús _____ .

   3. Un centro comercial _____ .

   4. Una biblioteca pública _____ .

   5. Un supermercado _____ .

¡Practícalo!

1. Make a simple map of your block (real or make-believe). Include important places (**el cine, la farmacia, la escuela, un restaurante**, etc.). Tell your class where every place is in relation to your home.

2. Bring a picture of a bedroom. Take turns with a partner to ask and answer where various items are located in the room.

   EXAMPLE: **¿Dónde está la computadora? Está sobre el escritorio.**

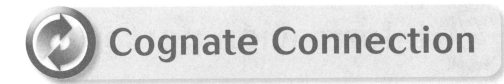

Cognate Connection

Give the meanings of the following Spanish and English words. Then use each English word in a sentence.

	SPANISH		ENGLISH COGNATE	
1.	vida	*life*	vitality	*liveliness*
2.	periódico	_____	periodical	_____
3.	todo	_____	total	_____
4.	sol	_____	solar	_____
5.	luna	_____	lunar	_____
6.	vender	_____	vendor	_____
7.	número	_____	enumerate	_____
8.	comprender	_____	incomprehensible	_____
9.	frío	_____	frigid	_____
10.	árbol	_____	arbor	_____

ENGLISH COGNATES USED IN CONTEXT

1. The young children were filled with *vitality.*

2. _____

3. _____

4. _____

5. _____

6. _____

7. _____

8. _____

9. _____

10. _____

List some other English cognates of the Spanish words in this lesson.

Cápsula cultural

Signs, Signs, Signs!

When you travel to a foreign country, what is the first thing you notice as you step off the plane? The bewildering and dazzling array of signs. Signs give us a quick look at the language and culture of the country we are visiting.

Many signs use pictures to help deliver their messages. Pictures make it possible to understand the message without knowing all the words on a sign. But if you really want to learn about the everyday life and customs of the people, it's a good idea to understand what the sign is telling you.

Here are some common signs. Try to figure out what they mean.

Comprensión

1. The first thing a visitor to a country notices are _____.

2. A store which is open would have the sign that says _____ in its window. One which is closed would have _____.

3. A tourist looking for a bathroom would want to see the sign saying

   _____.

4. **Prohibido fumar** means _____.

5. To mail a letter, look for the sign saying _____ or

   _____.

Investigación

Make a list of all the signs you can find in your neighborhood. Try to find equivalents in Spanish.

VOCABULARIO

al lado de *next to*
allí *there*
alrededor de *around*
cerca de *near*
debajo de *under; below*
delante de *in front of*
encima de *above*

detrás de *behind*
en *on, in, at*
entre *between, among*
frente a *across from, facing*
lejos *far from*
sobre *on*
por *through; by*

la biblioteca *library*
el café *café*
el centro comercial *shopping center*
la estación de trenes *train station*
la fábrica *factory*

la iglesia *church*
la parada del autobús *bus stop*
el supermercado *supermarket*
la terminal de autobuses *bus station*

el cielo *sky*
el pájaro *bird*

18

Más números

 Vocabulario

veinte dólares

treinta días

cuarenta centavos

cincuenta kilómetros
por hora

sesenta minutos

setenta kilómetros

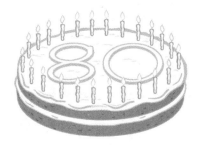

ochenta años

noventa grados

cien libras

343

Here are the numbers from 1 to 100, counting by tens:

10 diez	**70 setenta**
20 veinte	**80 ochenta**
30 treinta	**90 noventa**
40 cuarenta	**100 cien** (**ciento** before another number)
50 cincuenta	**104 ciento cuatro**
60 sesenta	

Now look at these numbers:

34 treinta y cuatro	**79 setenta y nueve**
46 cuarenta y seis	**81 ochenta y uno**
58 cincuenta y ocho	**93 noventa y tres**
62 sesenta y dos	

NOTE: With divisions of 20, write the number as one word.

veintiuno
veintidós
veintitrés

As you can see, it's fairly simple to form numbers in Spanish. Memorize the numbers from 30 to 90 by tens, then add the word **y** (*and*) plus the number from 1 to 9.

Read the following numbers and give the correct numeral.

EXAMPLE: diecisiete **17**

1. veinticinco _____
2. noventa y ocho _____
3. ochenta y tres _____
4. cuarenta y dos _____
5. cincuenta y uno _____

6. treinta y cuatro _____
7. sesenta y seis _____
8. quince _____
9. setenta y nueve _____
10. dieciocho _____

Match the Spanish numbers with the numerals.

1. setenta y seis   _____   6. ochenta y ocho   _____   13
                                                                              67
2. treinta y tres   _____   7. once   _____   76
                                                                              88
3. sesenta y siete   _____   8. cuarenta y cinco _____   91
                                                                              52
4. trece   _____   9. cincuenta y dos   _____   45
                                                                              33
5. cien   _____   10. noventa y uno   _____   100
                                                                              11

Arrange the following list of numbers so that they are in order, the smallest first, the largest last.

ochenta y ocho	**sesenta y siete**	**ochenta y nueve**
treinta y ocho	**treinta y tres**	**setenta y cinco**
noventa y nueve	**cincuenta y cuatro**	**cien**
cuarenta y cuatro		

1. _____   5. _____   8. _____

2. _____   6. _____   9. _____

3. _____   7. _____   10. _____

4. _____

![Actividad D]

As you have probably noticed, certain numbers look like others. They almost come in little families. Give the Spanish words for the numbers in each group.

1. 1   _____   2. 2   _____
   11   _____   12   _____

3. 3   _____
       13   _____
       30   _____

4. 4   _____
       14   _____
       40   _____

5. 5   _____
       15   _____
       50   _____

6. 6   _____
       16   _____
       60   _____

7. 7   _____
       17   _____
       70   _____

8. 8   _____
       18   _____
       80   _____

9. 9   _____
       19   _____
       90   _____

10. 10   _____
       100 _____

Actividad E

Arithmetic in Spanish. Can you solve these problems?

1. Add:

veinte   cuarenta   ochenta
+ treinta   + sesenta   + diez
_____ _____   _____

_____ _____   _____

2. Subtract:

quince   doce   catorce
− cinco   − once   − uno
_____ _____   _____

_____ _____   _____

3. Multiply:

cinco   once   treinta
× cuatro   × ocho   × tres
_____ _____   _____

_____ _____   _____

4. Divide:

ochenta   dieciséis   veinticinco
_____ _____   _____
cuatro   dos   cinco

_____ _____   _____

Here's a conversation that was heard at an auction. Auctions can be fun, but be careful!

¿Quién da más?

PERSONAJES: vendedor, primer comprador, segundo comprador, Pedro, Ángela y Matilde (la amiga de Ángela)

el vendedor
seller
el comprador
buyer

VENDEDOR: Y ahora, señoras y señores, una oportunidad excepcional: el famoso cuadro del célebre artista Juan Malí,

célebre *famous*

«El perro que come queso en cama».

TODO EL MUNDO: ¡Aaaah!

PEDRO: ¡Es horrible!

ÁNGELA: ¡Es monstruoso!

VENDEDOR: Es una oportunidad maravillosa. ¿Quién da cincuenta dólares?

PRIMER COMPRADOR: Cincuenta dólares.

SEGUNDO COMPRADOR: Sesenta dólares.

PEDRO: ¡Están locos!

ÁNGELA: Yo no pago cinco centavos por el cuadro.

PEDRO: No es un cuadro. Es una basura.

la basura
garbage

PRIMER COMPRADOR: Setenta dólares.

SEGUNDO COMPRADOR: Ochenta dólares.

PRIMER COMPRADOR: Noventa dólares.

VENDEDOR: Noventa a la una...Noventa a las dos... ¿Quién da más?
¿No ofrecen cien dólares?

a la una
going once
a las dos
going twice

(En ese momento entra Matilde).

MATILDE: ¡Ángela! ¡Ángela! ¡Hola!

(Matilde levanta la mano para saludar a su amiga).

levantar *to raise*
saludar *to greet*
vendido en
sold for

VENDEDOR: Cien dólares a la una. Cien dólares a las dos... ¡Vendido a la señora de la blusa azul! ¡Vendido en cien dólares!

Answer the questions based on the previous story.

1. ¿Quién es el artista del cuadro?

_____

2. ¿Cuál es el título del cuadro?

_____

3. ¿Cuál es la opinión de Ángela y de Pedro sobre el cuadro?

_____

4. ¿Cuántas personas desean el cuadro?

_____

5. ¿Cuánto dinero paga Ángela por el cuadro?

_____

6. ¿Cómo se llama la amiga de Ángela?

_____

7. ¿Por qué levanta Matilde la mano?

_____

8. ¿Desea Matilde comprar el cuadro?

_____

Para conversar en clase

1. ¿Cuánto cuesta comer en McDonalds?
2. ¿Cuánto dinero necesitas para comprar unos jeans nuevos?
3. ¿Cuánto pagas para ir a un concierto de rock?
4. ¿Cuánto dinero necesitas para organizar una fiesta con amigos?
5. ¿Cuánto cuesta un boleto para el cine?

CONVERSACIÓN

Complete this dialog with suitable expressions.

Información personal

a. Interview your partner. Take turns asking and answering the following questions.

1. ¿Cuántos alumnos hay en tu clase de español?

_____

2. ¿Cuántas personas hay en tu ciudad?

_____

3. ¿Cuántas canciones tienes en tu iPod?

_____

4. ¿Cuántos amigos tienes?

_____

5. ¿Cuánto cuesta el periódico que leen en tu casa?

_____

b. Complete the following information about yourself in Spanish. Write out all the numbers.

1. Tengo _____ años.

2. En mi familia hay _____ personas.

3. Mis padres me dan _____ dólares por semana.

4. El número de mi casa es el _____.

5. Mi número de teléfono es _____.

6. Mi nota (*grade*) en el último examen de español: _____.

7. En mi escuela hay _____ profesores.

8. El día de mi cumpleaños es el _____ de _____.

Cognate Connection

Give the meanings of the following Spanish and English words. Then use each English word in a sentence.

	SPANISH			ENGLISH COGNATE	
1.	alto	*tall*		altitude	*height*
2.	calor	_____		calorie	_____
3.	esposo	_____		spouse	_____
4.	sala	_____		salon	_____
5.	tarde	_____		tardy	_____
6.	tiempo	_____		temporary	_____
7.	caballo	_____		cavalry	_____
8.	vaso	_____		vase	_____
9.	cuerpo	_____		corpse	_____
10.	creer	_____		credible	_____

ENGLISH COGNATES USED IN CONTEXT

1. The plane reached an *altitude* of 30,000 feet.

2. _____

3. _____

4. _____

5. _____

6. _____

7. _____

8. _____

9. _____

10. _____

List some other English cognates of the Spanish words in this lesson.

Now you're able to tell a lot about yourself, your family, your house, your school, and your neighborhood. Prepare an oral report. Include your name, address, age, how many brothers and sisters you have, and so on. Refer also to your physical environment (house, school, etc.) using complete Spanish sentences.

Cápsula cultural

Different Systems

If you stepped on a scale in Spain or in most countries of Latin America, you would probably get the shock of your life. Supposing you weigh 110 pounds, the scale would register only 50. You haven't lost weight. You are just using another system—the metric system—and you are being weighed in **kilos**. Each **kilo** is approximately 2.2 pounds.

When you enter a clothing store, just the opposite happens. A size 9 shoe, for example, would be a 40; a pair of men's trousers with a 39-inch waist would be an 86. Your size is being measured in **centímetros.**

If you don't feel well, and the doctor tells you that your temperature is 37 degrees, you're not dead. He's just getting a reading in **centígrados.** A normal temperature in **centígrados** is 37°degrees. That's equivalent to 98.6° Fahrenheit.

Here is a table of common temperatures, comparing the two systems:

Common temperatures
water boils
really hot day
normal body temperature
normal room temperature
water freezes
salt water freezes

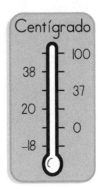

Comprensión

1. A **kilo** is approximately _____ pounds. If you wanted about a pound of something in the grocery, you would order _____ a **kilo**.

2. In most countries of the world the _____ system is used.

3. To measure clothing in the metric system, _____ are used.

4. In Spain, temperature is measured in _____.

5. If the thermometer reads 39 degrees C, it's really _____ weather.

6. You would want a temperature in your hotel room of about _____ in **centígrados**.

Investigación

Compare the metric system with our own. Prepare tables measuring weight (**kilos, gramos, litros**), length (**metros, kilómetros**), temperature (**centígrados**). Measure and weigh common objects (desk, pencil, room, etc.) and give their equivalents metrically.

VOCABULARIO

diez *ten*	**ochenta** *eighty*	**comprador** *buyer*
veinte *twenty*	**noventa** *ninety*	**¿Cuántos(-as)?** *How*
treinta *thirty*	**cien** *a hundred*	*many?*
cuarenta *forty*	**sesenta y cinco** *fifty-five*	**saludar** *to greet*
cincuenta *fifty*	**setenta y uno** *seventy-one*	**vendedor** *seller*
sesenta *sixty*	**ciento veinte** *one hundred*	**vender** *to sell*
setenta *seventy*	*and twenty*	

¿Cuánto cuesta? *How much?*

Las diversiones

Going Places in Spanish; the Verb **ir**

1 ## Vocabulario

Can you guess the meanings of these words?

el cine

el teatro

el concierto

la discoteca

el estadio

la fiesta

el parque zoológico

el circo

la playa

la piscina

el museo

el parque de atracciones

Actividad (A)

Match each activity with the location where it takes place. Express your answers in complete sentences.

EXAMPLE: hacer ejercicio   el gimnasio
En el gimnasio hago ejercicio.

1. escuchar música   _____   **a.** la discoteca

2. ver animales salvajes   _____   **b.** la fiesta

3. ver una comedia   _____   **c.** la playa

4. ver un partido de fútbol   _____   **d.** el circo

5. bailar   _____   **e.** el cine

6. cantar   _____   **f.** el estadio

7. ver acróbatas   _____   **g.** el parque zoológico

8. tomar sol   _____   **h.** el concierto

In the letter that follows are all the forms of the irregular Spanish verb **ir** (*to go*). See if you can find them:

Acapulco, 20 de julio

Queridos Mamá y Papá:

Estoy en un hotel fabuloso en Acapulco. Hoy tengo tiempo, y **voy** a describir mis planes. Julia y yo **vamos** a la playa todos los días.
Por la tarde ella **va** a visitar a unos amigos mexicanos. Ellos tienen una hija de nuestra edad—Carmen.
Ella **va** a ser nuestra guía y nosotras **vamos** a visitar todas las playas interesantes alrededor de Acapulco.
Y ustedes, ¿**van** a pasar las vacaciones en España?
¿**Van** Uds. a una playa también? Quiero recibir una postal pronto.

Besos.
Margarita

P.D. Aquí todo cuesta mucho. La tarjeta de crédito no tiene más crédito.

la edad *age*	**pasar** *to spend (time)*	**P.D.** *PS*	**tarjeta** *card*
el/la guía *guide*	**el beso** *kiss*	**cuesta** *it costs*	

Actividad B

Answer these questions based on the letter you have just read.

1. ¿Dónde está Margarita?

_____

2. ¿Adónde va ella todos los días?

_____

3. ¿Quién va a ser la guía de Margarita?

_____

4. ¿Qué van a visitar ellas?

_____

5. ¿Qué quiere recibir Margarita de sus padres?

_____

3 The verb **ir** is important and also irregular. Repeat the forms of **ir** and memorize them.

yo	**voy**	*I go*
tú	**vas**	*you go* (familiar)
Ud.	**va**	*you go* (formal)
él **ella**	**va**	*he goes* *she goes*
nosotros **nosotras**	**vamos**	*we go*
Uds.	**van**	*you go* (plural)
ellos **ellas**	**van**	*they go*

Actividad C

Here are some places for you to go on weekends. Where would you go?

EXAMPLE: **El fin de semana voy al cine.**

1. _____

2. _____

3. _____

4. _____

5. _____

6. _____

Actividad D

Your Costa Rican key pal is visiting you. Where would the two of you go?

EXAMPLE: **Vamos al cine.**

1. _____

2. _____

3. _____

4. _____

5. _____

6. _____

Actividad E

You are talking with some friends about places to go. Complete the sentences with the correct forms of **ir**.

1. Yo _____ al cine con mis amigos.

2. Nosotros _____ a la fiesta de Carlos.

3. ¿ _____ tú a la fiesta también?

4. Mis padres _____ a Chile en junio.

5. ¿ _____ ustedes al aeropuerto el sábado?

6. Carmen _____ al banco porque necesita dinero.

7. Ellos no _____ a la escuela hoy porque _____ al médico.

8. Jorge y Enrique _____ al partido de fútbol.

9. ¿ _____ Ud. también?

10. Jaime _____ a la playa todos los domingos.

11. Mis hermanitos _____ al circo con mi mamá.

12. La familia Rosas _____ a Puerto Rico este verano.

Actividad F

Answer these questions in complete sentences.

1. ¿Con quién vas a la piscina?

_____

2. ¿Adónde van tus padres en las vacaciones?

_____

3. ¿Cuándo van ustedes al cine?

_____

4. En tu familia, ¿quién va al supermercado para comprar comida?

_____

5. ¿Cuándo vas a la playa, en el invierno o en el verano?

_____

6. ¿Por qué van ustedes al parque zoológico?

_____

7. ¿Adónde van tus amigos el sabádo?

_____

8. ¿Tienes hermanos que van a la universidad?

_____

9. ¿Adónde van tú y tus amigos para ver un partido de fútbol?

_____

10. ¿Cuándo van las personas a la sala de emergencias?

_____

4 There are many ways to go places in Spanish. Here are some of them:

ir a pie	*to walk, to go on foot*
ir en bicicleta	*to go by bicycle*
ir en coche	
ir en automóvil	*to go by car, to drive*
ir en autobús	*to go by bus*
ir en metro	*to go by subway*
ir en tren	*to go by train*
ir en taxi	*to go by taxi*
ir en avión	*to go by plane*

Actividad G

Where is everybody going? Match the sentences with the correct pictures.

María va a la escuela a pie.
Mis abuelos van a Miami en tren.
Pepe y Marta van al cine en taxi.
Nosotros vamos a la fiesta en metro.
Mis padres van al banco a pie.

Yo voy a la escuela en autobús.
Mi hermano va a la tienda en bicicleta.
Los López van a Puerto Rico en avión.
El médico va al hospital en su coche.
Mis amigos van a la playa en automóvil.

1. _____

2. _____

3. _____

4. _____

5. _____   **6.** _____

7. _____   **8.** _____

9. _____   **10.** _____

5 As you have seen, **ir** is a very important verb. Here's another reason for its importance: just as in English, it can be used with the preposition **a** and an infinitive to express what is going to happen in the future.

Ellos _van a_ **comprar un automóvil.**
They are going to buy a car.

¿_Vas a_ **comer en un restaurante esta noche?**
Are you going to eat in a restaurant tonight?

Vamos a **hablar con el profesor después de la clase.**
We are going to talk to the teacher after class.

NOTE: **¡Vamos!** by itself means _Let's go!_

Actividad H

You are writing an e-mail to a Peruvian friend about you and your family's plans for this summer. Complete the e-mail in Spanish.

1. (trabajar en una oficina)

   Mi hermana _____.

2. (visitar a mis abuelos en Miami).

   Mis padres _____.

3. (tomar un curso de verano en España)

   Mi primo Jorge _____.

4. (pasar dos semanas en Cancún)

   Mi novia y yo _____.

5. (comprar ropa en el centro comercial)

   Nuestras amigas Graciela y Florencia _____.

Actividad I

You and your friends are making plans for tomorrow. What are you going to do? Complete the sentences with the correct forms of **ir a**.

EXAMPLE: **Ana y yo vamos a comer en un restaurante.**

1. Carlos y María _____.

2. Yo _____.

3. Ustedes_____.

4. Tú _____.

5. Carmen _____.

6. Nosotros _____.

7. ¿Qué planes tienes tú?

Yo _____.

Now you are ready to read this story about a family's plans to go to Puerto Rico for the holidays.

De vacaciones

LUGAR: La agencia de viajes «Solimar»

PERSONAJES: Francisco Cabral; Marta Cabral, su esposa; Margarita, una hija de 12 años; Susanita, una hija de 6 años y el empleado de la agencia «Solimar».

EMPLEADO: ¡Ah, qué bien! El señor Cabral y su amable familia. ¿Cómo están Uds.?

la agencia de viajes travel agency

la esposa wife

el empleado employee

TODOS: Bien, gracias.

SR. CABRAL: Tengo dos semanas de vacaciones, y mi esposa desea **ir** a una isla tropical.

SRA. CABRAL: Sí, un lugar romántico, con palmeras, flores tropicales y brisas del mar.

EMPLEADO: Bueno, ¿por qué no **van** ustedes a Puerto Rico? Es una isla tropical. San Juan, la capital, es una ciudad grande y allí **van** a ver muchas cosas interesantes.

SR. CABRAL: Es una buena idea. Puerto Rico tiene hoteles excelentes y muchos hoteles están en la playa.

EMPLEADO: Sí. Y Puerto Rico no está lejos de los Estados Unidos. Si ustedes **van** en avión, llegan en tres horas y media.

MARGARITA: Yo **voy** a comprar mucha ropa allí. También **voy** a comprar discos de música puertorriqueña.

SUSANITA: Y yo **voy** a comer la comida típica: tacos y enchiladas.

MARGARITA: ¿Tacos y enchiladas, la comida típica de Puerto Rico? Tú no sabes mucho, chica. ¡Uf! ¡Qué ignorancia! **Vamos** a Puerto Rico, no a México.

la isla island
el lugar place
la palmera palm tree
la brisa breeze
el mar sea
la cosa thing

la ropa clothing

la chica girl, "kid"

Actividad J

Complete the sentences based on the story.

1. «Solimar» es una _____.

2. Marta es la _____ de Francisco.

3. Susanita y Margarita son _____.

4. El señor Cabral tiene dos semanas de _____.

5. La señora de Cabral desea ir a _____.

6. La _____ es un árbol tropical.

7. La capital de Puerto Rico es _____.

8. Muchos hoteles de Puerto Rico están en _____.

9. Puerto Rico no está _____ los Estados Unidos.

10. La familia va en _____.

11. Margarita va a comprar discos de _____.

12. Los tacos y las enchiladas son comidas típicas de _____.

Diviértete

Work with a partner. Act as travel agent and ask your partner 4 or 5 questions concerning travel plans. You may use the example below as a model.

YOU:	**¿Adónde quiere ir?**
YOUR PARTNER:	**A la República Dominicana.**
YOU:	**¿Cuándo va a viajar?**
YOUR PARTNER:	**El jueves.**
YOU:	**¿Por cuánto tiempo?**
YOUR PARTNER:	**Dos semanas.**
YOU:	**¿Qué quiere hacer?**
YOUR PARTNER:	**Ir a la playa.**
YOU:	**¿ Cuánto dinero tiene?**
YOUR PARTNER:	**Mil dólares.**

CONVERSACIÓN

Vocabulario

zona del Caribe *Caribbean area*
el mar Caribe *Caribbean Sea*
recomienda *recommend*

You are the second person in the dialog. Complete it with expressions you have learned in this lesson.

Información personal

Interview your partner. Take turns asking and answering the following questions.

1. ¿Adónde vas a celebrar tu cumpleaños?

   _____

2. ¿Adónde vas con tus amigos el sábado por la noche?

   _____

3. ¿Cuándo vas al cine?

   _____

4. ¿Adónde vas a ir el verano próximo?

   _____

5. ¿Adónde vas cuando sales de la escuela?

   _____

¡Practícalo!

1. **¿Adónde vas durante la semana?** Write five sentences to tell about different places you go to.

   EXAMPLE: **El sábado voy al cine con mis amigos.**

   1. _____
   2. _____
   3. _____
   4. _____
   5. _____

2. You're writing an e-mail in Spanish to a visiting student from Guatemala and you want to tell him/her about **diversiones** in your city or town. You may illustrate your letter with photographs or drawings. Be as elaborate as you can in designing a little brochure about entertainment in your area.

Cognate Connection

Write the meanings of the following Spanish and English words. Then use each English word in a sentence.

	SPANISH		ENGLISH COGNATE	
1.	amigo	*friend*	amicable	*friendly*
2.	ascensor	_____	to ascend	_____
3.	café	_____	cafeteria	_____
4.	fuerte	_____	fortification	_____
5.	doce	_____	dozen	_____
6.	pronto	_____	prompt	_____
7.	puerta	_____	port	_____
8.	cuarto	_____	quarters	_____
9.	ojo	_____	oculist	_____
10.	viento	_____	ventilation	_____

ENGLISH COGNATES USED IN CONTEXT

1. The two countries did not always enjoy *amicable* relations.

2. _____

3. _____

4. _____

5. _____

6. _____

7. _____

8. _____

9. _____

10. _____

List some other English cognates of the Spanish words in this lesson.

Cápsula cultural

Montezuma's Gift

Everyone loves chocolate. Some people can't seem to get enough of it. They're called "chocoholics." But did you ever wonder how this marvelous food came to be?

Chocolate is made from the beans or seeds of the cocoa plant, which is native to South America. In the sixteenth century, the **conquistador** (*conqueror*) of Mexico, Hernán Cortés, saw how Montezuma, the Aztec emperor, drank a beverage called xocoatl, prepared from cocoa beans. This liquid was considered so precious that it was drunk from gold cups. In fact, the cocoa beans themselves were used by the Aztecs as a form of money.

Natural cocoa had a bitter taste, but the Spaniards added water and sugar to make hot chocolate. Soon this beverage became the favorite drink of the Spanish noble class.

At first chocolate was looked upon as a medication and nutritional food. **"Una sola taza permite caminar un día"** (*A single cup allows one to walk for an entire day*), said Cortés.

From Mexico, chocolate soon spread throughout the Americas and the world. In the nineteenth century, chocolate as we know it came into being when a British company created a solid eating chocolate.

Today it is hard to imagine a place on earth where people do not know of this popular food. In the United States, we consume over ten pounds of chocolate per person each year!

Comprensión

1. Chocolate is made from _____ .

2. The name of the beverage drunk by the Aztec emperor was
_____.

3. _____ were used by the Aztecs as a form of money.

4. Chocolate was considered at first _____.

5. Solid eating chocolate was created in _____.

Investigación

What are some of the foods brought to the New World by the Spaniards? In addition to chocolate, what are some native foods brought to Spain from the New World?

VOCABULARIO

el cine *movies*
el concierto *concert*
el circo *circus*
la discoteca *disco*
el estadio *stadium*
el museo *museum*
el parque de atracciones *amusement park*
la piscina *swimming pool*
la playa *beach*
el teatro *theater*

la cosa *thing*
las diversiones *entertainment, amusements*
la fiesta *party*
la isla *island*
el lugar *place*
el mar *sea*

ir a pie *to walk, to go by foot*
ir en autobús *to go by bus*
ir en automóvil *to go by car*
ir en avión *to go by plane*
ir en bicicleta *to go by bicycle*
ir en coche *to go by car*
ir en metro *to go by subway*
ir en taxi *to go by taxi*
ir en tren *to go by train*
vamos a... *we are going to . . . let's*

20

Fiesta

1 Vocabulario

el globo

la reunión

el regalo

el baile

los chicos

el cumpleaños

la piñata

la orquesta

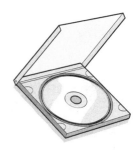

el disco compacto

la serpentina

los refrescos

la invitación

2 Do you remember the irregular verb **querer?** What happened when we used it in its various forms?

yo quiero	*I want*
tú quieres	*you want*

The first **e** of **querer** changed to **ie** in all forms except **nosotros (queremos)**. But **querer** is not the only verb that changes this way. There are many others, including the very important verb **pensar** *(to think, to believe)*.

Juan piensa que el examen es fácil.   *Juan thinks that the test is easy.*

Now it's your turn. Complete the following with the verb **pensar**.

Mis padres _____ que yo trabajo poco.

Yo _____ que María es bonita.

NOTE: **pensar en** means *to think **about*** someone or something.

Yo pienso <u>en</u> mis amigos.   *I'm thinking about my friends.*

pensar de means *to have an opinion* about someone or something.

¿Qué piensas <u>de</u> mi automóvil?   *What do you think about (of) my car?*

pensar + infinitive means *to intend* doing something.

Pensamos ir a México.   We **intend to go** to Mexico. (We're thinking of going to Mexico).

Pensamos comprar una casa nueva.   We **intend to buy** a new house. (We are thinking of buying a new house).

Actividad **A**

Complete the following sentences with the correct form of **pensar**.

1. Yo _____ que el examen de español es mañana.

2. Mi padre _____ trabajar en el hospital.

3. Juan y Lupe _____ ir a casa.

4. ¿_____ tú comer ahora?

5. La señorita Guzmán _____ siempre en los estudiantes.

6. Tú y yo _____ visitar Madrid.

7. ¿Qué _____ ustedes de la universidad?

8. Yo no _____ caminar en el parque.

9. El médico _____ que la ambulancia está aquí.

10. ¿Adónde _____ ustedes viajar en el verano?

3   Another useful stem-changing verb is **poder** *(to be able, can)*. Look at the following sentences:

Yo no *puedo* **estudiar hoy.**   *I can't study today.*
¿Puedes escribir la tarea ahora?   *Can you write the homework now?*

What happened to the **o** of the stem? Like the **e** of **pensar** changes to **ie**, the **o** of **poder** changes to **ue** in all forms except **nosotros (podenos)**.

Complete the following with the verb **poder**.

¿Qué _____ usted comprar por un dólar?

Nosotros _____ ir a la playa mañana.

Here is a summary of the two new verbs that we've learned.

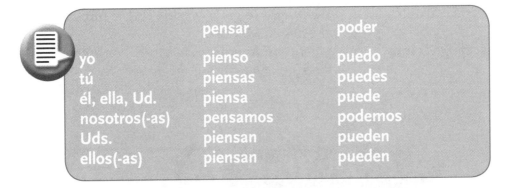

	pensar	poder
yo	pienso	puedo
tú	piensas	puedes
él, ella, Ud.	piensa	puede
nosotros(-as)	pensamos	podemos
Uds.	piensan	pueden
ellos(-as)	piensan	pueden

Actividad B

Complete with the correct form of the verb in parentheses.

1. (pensar) Yo _____ que esa muchacha es bonita.

2. (poder) Nosotros no _____ hablar inglés en clase.

3. (poder) ¿ _____ tú ir a la fiesta?

4. (pensar) ¿Qué _____ ustedes hacer mañana?

5. (poder) Mis hermanas _____ ir al cine el sábado.

Actividad C

Answer the following questions using complete Spanish sentences.

1. ¿Qué puedes comprar en un restaurante?

_____

2. ¿Adónde piensas ir en tus vacaciones?

_____

3. ¿Cuándo puedes ir al cine?

_____

4. ¿Qué piensas de la televisión?

_____

5. ¿Por qué no podemos ir a la playa en el invierno?

La fiesta sorpresa: comedia en un acto

Cuándo: el sábado por la noche.

Lugar: una mesa en un café en la Ciudad de México.

Personajes: un grupo de adolescentes comiendo helados y tomando refrescos.

adolescente *teenager*

MARILUZ: Estoy aburrida. ¿Qué **podemos** hacer?

FRANCO: No sé. Nunca hacemos nada. ¡Qué vida!

GILBERTO: ¿Dónde está Martín?

ELENA: Está en casa, como siempre. ¡Pobre muchacho! Nunca sale.

GUSTAVO: ¡Pobrecito! Tiene una vida tan aburrida... ¿Y saben que este viernes es su cumpleaños?

tan *so*

MARILUZ: ¿Oh, sí? Tengo una gran idea. Vamos a tener una fiesta de cumpleaños para él. ¿Qué **piensan**?

TODOS: ¡Estupendo! ¡Fantástica idea! ¡Fenomenal!

ELENA: **Podemos** usar el sótano de mi casa. **Puedo** preparar la comida y decorar el cuarto con globos, serpentinas y una piñata. Y música, naturalmente.

sótano *basement*
cuarto *room*

GILBERTO: ¿Por qué no música en vivo? **Podemos** formar una pequeña banda.

MARILUZ: De acuerdo. Pero antes de enviar las invitaciones y comprar regalos, voy a llamar a Martín para ver si hay un problema.

De acuerdo. *OK.*

MARILUZ (por teléfono): Oye Martín, este viernes tenemos una reunión de unos amigos en mi casa.¿**Puedes** venir?

Oye *Listen*

MARTN: ¿Este viernes? ¡De ninguna manera! Es mi cumpleaños y tengo una invitación para pasar todo el fin de semana en la playa de Cancún, nadando, esquiando sobre agua y tomando sol. ¡Tú y tus amigos llevan una vida tan aburrida!

de ninguna manera *no way*

Actividad D

Answer these questions based on the previous story.

1. ¿Dónde está el café?

   _____

2. ¿Cuántos chicos están allí?

   _____

3. ¿Qué piensan de su vida?

   _____

4. ¿Qué vida tiene Martín?

   _____

5. ¿Cuándo es el cumpleaños de Martín?

   _____

6. ¿Cuál es la idea de Mariluz?

   _____

7. ¿Dónde pueden tener la fiesta?

   _____

8. ¿Qué va a hacer Elena?

   _____

9. ¿Adónde va Martín para su cumpleaños? ¿Qué va a hacer?

   _____

10. ¿Qué piensa Martín de la vida de Mariluz y sus amigos?

    _____

Para conversar en clase

Choose a partner and role play a couple shopping for a house party. Talk about what you need, what you think about the products, etc.

CONVERSACIÓN

Vocabulario

traer *to bring*

Complete the following dialog.

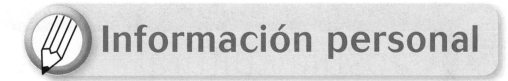 Información personal

Interview your partner. Take turns asking and answering the following questions.

1. ¿Qué piensas hacer el domingo?

_____

2. ¿Qué pueden hacer tú y tus amigos en el parque?

_____

3. ¿Dónde pueden Uds. comprar la comida?

_____

4. ¿Qué piensas comer hoy por la noche?

_____

5. ¿Qué programa de televisión quieres ver hoy?

_____

6. ¿Qué piensas hacer el día de tu cumpleaños?

_____

 ¡Practícalo!

You're going to have a surprise party for your best friend. Talk about all the things you will need. Prepare invitations in Spanish.

EXAMPLE: **Vamos a necesitar refrescos.**
            Podemos comprar decoraciones.

Cápsula cultural

Land of the Fiesta

Do you like parties? Then, Spain is the place where you want to be. Somewhere in Spain, every day of the year, there is a **fiesta**. There are fifteen national holidays plus hundreds of local festivals. Each town and village has a patron saint, and on that saint's feast day, the people hold a fiesta.

Some fiestas, like **San Fermín** in Pamplona and **Las Fallas** in Valencia are world-famous. They are spectacles that attract hundreds of thousands of visitors each year.

The **San Fermín** festival takes place in July, in Pamplona, and lasts for eight days. Every morning bulls, released into the street, charge through the town, with natives and tourists racing in front of them, risking their lives, just for the thrill of it.

The festival of **Las Fallas** is not as dangerous, but certainly as spectacular. It originated in the Middle Ages when the carpenters of Valencia burned excess wood shavings to honor their patron, San José. Later, some carpenters built and burned wooden statues or effigies. Today, huge papier-mâché figures, taking months to construct and costing the city over three million dollars, are set ablaze at midnight on March 19, with thousands looking on.

In addition to the traditional festivals, new ones are being invented. Buñol, a town which banned bullfights because of their cruelty, holds an annual festival called **La Tomatina.** On the last Wednesday of every August, six large trucks filled with over one hundred tons of ripe tomatoes dump their contents in the village square. At that point, the exuberant crowds of upwards of 20,000 people grab tomatoes and pelt one another for an hour, turning the village square of Buñol red from the giant food fight.

After the fight, everyone pitches in to clean up the streets and buildings and go home for a tasty meal which includes (naturally) tomato salad.

Sound like fun? Millions of tourists think so. Over five billion dollars is generated each year by tourists who come to let their hair down at a Spanish fiesta.

Comprensión

1. Each town and village in Spain has a particular fiesta in honor of
   _____.

2. In the **San Fermín** festival, in Pamplona, natives and tourists
   _____.

3. The festival of **Las Fallas** takes place in the city of _____.

4. In the relatively new festival called **La Tomatina**, thousands of people
   _____.

5. Spain generates over five billion dollars through _____.

Investigación

What are the fifteen national holidays in Spain? What do they commemorate?
Which ones are the same as our public holidays? Which ones are different?

VOCABULARIO

el baile *dance*
el chico *youngster*
el cumpleaños *birthday*
el disco compacto *compact disc*
la fiesta *party*
el globo *balloon*
la invitación *invitation*

la orquesta *band*
la piñata *piñata*
el refresco *refreshment, soda*
el regalo *present*
la reunión *reunion*
la serpentina *paper streamer*
la sorpresa *surprise*

de ninguna manera *no way*
pensar de... *to think of (to have
  an opinion about)*
pensar en... *to think about . . .*
pensar + infinitive *to intend*

pensar *to think*
poder *to be able, can*
traer *to bring*

Repaso V

Lección 17

Common Spanish prepositions and phrases with prepositions.

al lado de *beside*
alrededor de *around*
cerca de *near*
debajo de *below; under*
delante de *in front of*
desde *from*
detrás de *behind*

en *in, on, at*
encima de *above*
entre *between, among*
frente a *opposite, facing*
lejos de *far from*
por *through; by*
sobre *above, on*

Lección 18

Numbers 40 to 100.

40	**cuarenta**	50	**cincuenta**	
41	**cuarenta y uno**	60	**sesenta**	
42	**cuarenta y dos**	70	**setenta**	
43	**cuarenta y tres**	80	**ochenta**	
44	**cuarenta y cuatro**	90	**noventa**	
45	**cuarenta y cinco**	100	**cien (ciento** when combined with another number)	
46	**cuarenta y seis**			
47	**cuarenta y siete**			
48	**cuarenta y ocho**			
49	**cuarenta y nueve**			

Lección 19

The irregular verb **ir** (to go).

yo	**voy**	**nosotros** / **nosotras**	**vamos**
tú	**vas**		
Ud.	**va**	**Uds.**	**van**
él / **ella**	**va**	**ellos** / **ellas**	**van**

Lección 20

The irregular verbs **pensar** and **poder**.

	pensar	poder
yo	pienso	puedo
tú	piensas	puedes
él, ella, Ud.	piensa	puede
nosotros(-as)	pensamos	podemos
Uds.	piensan	pueden
ellos(-as)	piensan	pueden

Actividad A

Buscapalabras. In this puzzle you will find 14 prepositions. Circle them from right to left, left to right, up or down. Then write the words in the spaces provided.

A	L	R	E	D	E	D	O	R
L	E	E	N	E	T	E	N	O
P	J	T	C	B	N	T	C	P
L	O	N	I	A	A	R	E	D
A	S	E	M	J	L	A	R	E
D	I	R	A	O	E	S	C	S
O	Q	F	T	E	D	L	A	D
S	O	B	R	E	N	T	R	E

_____   _____

_____   _____

_____   _____

_____   _____

_____   _____

_____   _____

_____   _____

Actividad B

Crucigrama de la fiesta.

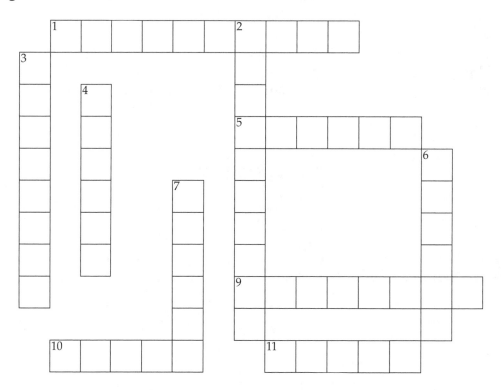

HORIZONTALES

1.

5.

9.

10.

11.

VERTICALES

2.

3.

4.

6.

7.

Every morning, Pedro leaves his house and walks to school, taking the shortest route. On his way, he passes many places. With a partner, figure out the shortest way to school and list the places he passes.

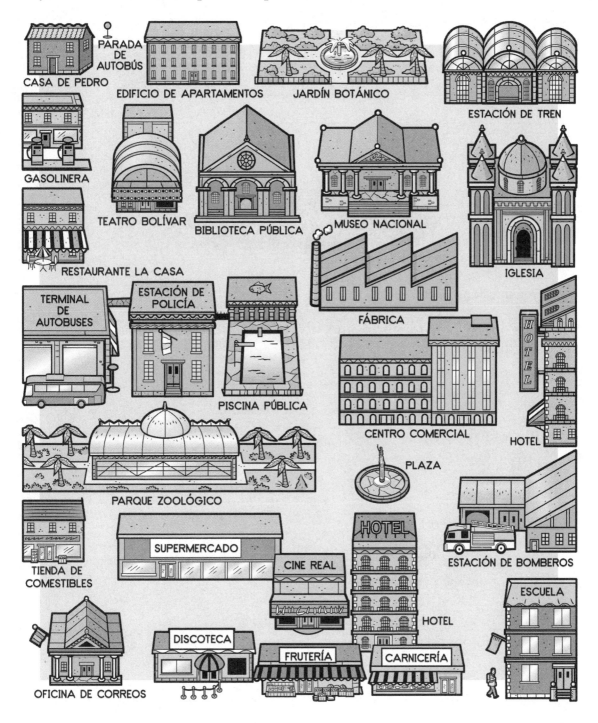

_____	_____	_____
_____	_____	_____
_____	_____	_____
_____	_____	_____
_____	_____	_____
_____	_____	_____
_____	_____	_____
_____	_____	_____

Actividad D

Números mágicos. Here's a bit of "magic arithmetic" in Spanish.

1. Choose one of these numbers: uno, dos, tres, cuatro, cinco, seis, siete, ocho, nueve, diez.

   Write it here: _____

   y nueve: _____

   multiplicado por dos: _____

   menos cuatro: _____

   dividido por dos: _____

   menos tu número original: _____

   Solución: **¡SIETE!**

2. Choose a number as in 1, above.

   Write it here: _____

   multiplicado por dos: _____

   y cuatro: _____

   dividido por dos: _____

y siete: _____

multiplicado por ocho: _____

menos doce: _____

dividido por cuatro: _____

menos quince: _____

dividido por dos: _____

                Solución: **¡EL NÚMERO ORIGINAL!**

Actividad (E)

¿Dónde está la parada del autobús? Identify the places. Then write the numbered letters in the boxes below to reveal where the bus stop is.

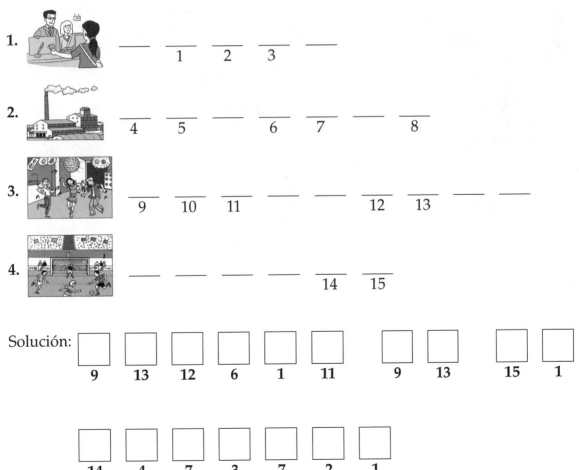

1. ___ ___ ___ ___ ___
        1   2   3

2. ___ ___ ___ ___ ___ ___
    4   5   6   7   8

3. ___ ___ ___ ___ ___ ___ ___ ___
  9 10 11   12 13

4. ___ ___ ___ ___ ___
          14 15

Solución: ☐ ☐ ☐ ☐ ☐ ☐ ☐ ☐ ☐ ☐
       9 13 12 6 1 11   9 13   15 1

         ☐ ☐ ☐ ☐ ☐ ☐ ☐
       14 4 7 3 7 2 1

Picture story.

En un hay un grupo de . Están comiendo

y tomando . María, una , dice: "Mañana es el

de Luis. Vamos a tener una ". Manuel dice que él puede preparar la

; Ana va a decorar la con ,

y una . Para van a usar . — Buena idea — dice

Juan. —Yo voy a enviar las —.

Luis tiene suerte. Él va a recibir muchos .

Sexta Parte

21

La ropa

1 Vocabulario

el vestido

la blusa

el suéter   los calcetines

la falda

la sudadera

los vaqueros

393

la chaqueta
la corbata
la camisa
la gorra
la camiseta
los pantalones cortos
los pantalones
el abrigo
los calcetines
el traje

los zapatos

los tenis

el sombrero

las botas

los cinturones

el traje de baño

2   Now let's see what everyone's wearing:

Yo llevo una camisa vieja.

Tú llevas una camiseta moderna.

Pepe lleva una chaqueta grande.

El profesor lleva un traje gris.

Gloria lleva un vestido bonito.

María lleva una falda y una blusa.

Yo llevo un abrigo elegante.

Mi abuela lleva un suéter.

Mi papá lleva una corbata bonita.

Ella lleva un sombrero para la playa.

Elena lleva un traje de baño.

Él no lleva cinturón.

Tú llevas pantalones cortos y
yo llevo pantalones largos.

Yo llevo calcetines blancos.
Ella lleva medias negras.

¿Lleva usted los zapatos negros?   **Ellos llevan guantes.**

NOTE: We have seen many examples of people wearing different clothing. The word **llevar** (*to take, to carry*) also means *to wear*. It is a regular **-ar** verb. Tell what the following people are wearing.

1. Yo _____ un traje negro.

2. Tú _____ unos zapatos nuevos.

3. Lola _____ un abrigo de invierno.

4. Nosotras _____ faldas modernas.

5. Ellos _____ unos guantes bonitos.

Actividad A

Rosita is going shopping for clothes. What does she buy? **Rosita compra...**

1. _____   2. _____   3. _____

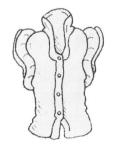

4. _____   5. _____   6. _____

7. _____

8. _____

9. _____

10. _____

11. _____

12. _____

Actividad B

Luis also went shopping for clothes. What did he buy? **Luis compra...**

1. _____

2. _____

3. _____

4. _____

5. _____

6. _____

7. _____

8. _____

9. _____

10. _____

11. _____

12. _____

Notice the following:

este **zapato**

esta **corbata**

Can you guess what the words **este** and **esta** mean? These words indicate something *near* you. In English we say *this* shoe and *this* tie. Note the masculine and feminine forms of the word.

Complete:

this suit   _____ traje

this shirt   _____ camisa

Now observe the following:

ese zapato　　　　　　esa corbata

Ese and **esa** indicate something away from you. In English we say *that*.

Complete:

that suit   _____ traje

that shirt   _____ camisa

Now, let's see what happens in the plural:

estos zapatos　　　　　　estas corbatas

What is the English equivalent for **estos** and **estas**? In English we say *these*.

Complete:

these suits   _____ trajes

these shirts   _____ camisas

Now observe the following:

esos zapatos　　　　　　esas corbatas

What do we say in English for **esos** and **esas**? We say *those*.

Complete:

those suits   _____ trajes

those ties   _____ corbatas

Remember:

Singular

este zapato   *this* shoe   ese zapato   *that* shoe
esta corbata   *this* tie   esa corbata   *that* tie

Plural

estos zapatos   *these* shoes   esos zapatos   *those* shoes
estas corbatas   *these* ties   esas corbatas   *those* ties

Actividad C

School has begun and Mrs. González is buying clothes for her two children, Luisa and Gabriel. She points out various articles of clothing to the store clerk.

Yo quiero

1. these socks   _____

2. this shirt   _____

3. that blouse   _____

4. those jeans   _____

5. this jacket   _____

6. that tie   _____

7. this coat   _____

8. that dress   _____

9. those caps   _____

10. that suit   _____

11. these skirts   _____

12. this belt   _____

13. those gloves   _____

14. these shoes   _____

15. that sweater   _____

16. those stockings   _____

Now read this story about Rosita's problems with her party clothes.

La ropa nueva de Rosita

ROSITA: Mira, mamá. Una invitación para la fiesta de cumpleaños de Teresita. Ahora tengo que comprar ropa nueva.

MAMÁ: Pero, niña, tú tienes ropa muy bonita. No necesitas comprar nada.

ROSITA: No tienes razón, mamá. Mi ropa es vieja y esta fiesta es muy importante. Todos los muchachos van a estar allí.

MAMÁ: Muy bien. Mañana vamos a las tiendas en el nuevo centro comercial.

centro comercial *mall*

(Al día siguiente, en una tienda de ropa).

al día siguiente *next day*

VENDEDORA: Buenas tardes. ¿En qué puedo servirles?

MAMÁ: Mi hija va a una fiesta el sábado y queremos comprar ropa nueva para ella.

ROSITA: Sí, quiero ropa moderna, de última moda.

de última moda *in the latest style*

VENDEDORA: Bueno. ¿Le gusta esta minifalda que va muy bien con esta blusa roja?

ROSITA: Sí, ¡perfecto! Me gustan también estas medias, estos zapatos y esta chaqueta corta.

medias *stockings*

MAMÁ: Ay, Rosita, vas a ser la chica más moderna de toda la fiesta.

(Más tarde, en casa, Rosita habla por teléfono con Teresita).

más tarde *later*

TERESITA: Sí, Rosa, va a ser una fiesta fantástica. Todos vamos a llevar nuestra ropa vieja, como en tiempos pasados.

los tiempos pasados *the old days*

ROSITA: ¡Oh, no!

Answer these questions based on the previous story.

1. ¿Qué recibe Rosita?

_____

2. ¿Qué quiere comprar Rosita?

_____

3. ¿Por qué es importante la fiesta?

_____

4. ¿Dónde compra Rosita su ropa?

_____

5. ¿Cuándo es la fiesta?

_____

6. ¿Qué clase de ropa quiere Rosita?

_____

7. ¿De qué color es la blusa que compra Rosita?

_____

8. ¿Con quién habla Rosita por teléfono?

_____

9. ¿Qué clase de ropa van a llevar en la fiesta?

_____

10. ¿Por qué no está contenta Rosita?

_____

Para conversar en clase

1. ¿Qué ropa llevas en invierno? ¿En verano? Menciona tres artículos de ropa para cada estación.

2. ¿Qué ropa llevas a una fiesta con amigos?

3. ¿Cuál es tu ropa favorita?

4. ¿Qué ropa está de moda hoy?

5. ¿Cuál es tu marca *(brand)* favorita de ropa?

You are going shopping. Say what you want.

EXAMPLE: camiseta / amarillo
Quiero la camiseta amarilla.

1. zapatos / blanco

_____

2. sombrero / azul

_____

3. traje de baño / negro

_____

4. camisa / rojo y blanco

_____

5. suéter / verde

_____

6. cinturón / marrón

_____

7. guantes / amarillo

_____

8. calcetines / verdes

_____

What a mess! Pancho has left his clothes scattered all over his room. Can you help him find them? Complete the sentences below.

1. Un tenis de Pancho está **debajo de la cama**.

2. El otro tenis está _____.

3. El cinturón está _____.

4. El suéter está _____.

5. La chaqueta está _____.

6. La gorra está _____.

7. Los pantalones están _____.

8. La corbata está _____.

9. Los guantes están _____.

10. La camisa está _____.

CONVERSACIÓN

Vocabulario

amorcito, mi amor, mi vida *my darling, my love*
¡Vámonos! *Let's go!*

DIÁLOGO

Complete the dialog.

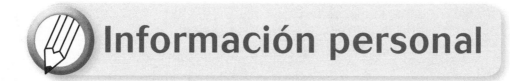

Información personal

Interview your partner. Take turns asking and answering the following questions.

1. ¿Cuántas camisetas tienes?

_____

2. ¿Cuántos pares de zapatos tienes?

_____

3. ¿Quién compra tu ropa?

_____

4. ¿De qué color es tu gorra favorita?

_____

5. ¿Qué ropa llevas hoy?

_____

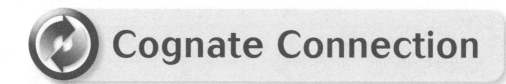

Cognate Connection

Give the meanings of the following Spanish and English words. Then use each English word in a sentence.

SPANISH		ENGLISH COGNATE	
1. tener sueño	*to be sleepy*	insomnia	*sleeplessness*
2. precio	_____	precious	_____
3. verde	_____	verdant	_____
4. menor	_____	minority	_____
5. avión	_____	aviation	_____

6. correr	_____	current	_____
7. voz	_____	vocal	_____
8. ocho	_____	octopus	_____
9. bueno	_____	bonus	_____
10. poder	_____	potent	_____
11. pensar	_____	pensive	_____

ENGLISH COGNATES USED IN SENTENCES

1. The patient was suffering from *insomnia*.

2. _____

3. _____

4. _____

5. _____

6. _____

7. _____

8. _____

9. _____

10. _____

11. _____

List some other English cognates of the Spanish words in this lesson.

Your relatives have given you $500 as a birthday present. You need the money to buy new clothes. Mention eight articles of clothing that you would buy, indicating their color and price.

EXAMPLE: **Voy a comprar un par de vaqueros por _____ dólares.**

Cápsula cultural

Shop 'til You Drop

Most Americans shop in supermarkets. **Supermercados** exist as well in Spain and Latin America, but smaller stores specializing in particular products are still an important part of the marketing scene. Milk, cheese, butter, and other dairy products are sold at the **lechería**. Bread can be bought at a **panadería**, fruit at a **frutería**, candy at a **dulcería**, and cakes at a **repostería**. There are also **carnicerías** (*butcher shops*), **pescaderías** (*fish markets*), and **florerías** (*flower shops*).

In smaller cities and towns, people tend to do their food shopping daily, as opposed to weekly or monthly. One of the reasons for this is that people usually buy their food fresh for **el almuerzo** (*lunch*), which is often the larger meal of the day. Also, customers enjoy the personalized services and attention that small stores provide. Often storeowners know customers on a first-name basis, and they are willing to **fiar** (*to sell products on credit*).

Another way of selling and buying is to go to **el mercadillo** (in Spain), a large open market that offers a broad variety of products and is available to the public only on certain days of the week. Other names for such markets in Latin America are **mercado al aire libre** (*open-air market*), **feria de pulgas** (*flea market*), **bazar** (*bazaar*), or **tianguis** (*street market*). In these flea markets, one can find rare products and incredible **ofertas** or **gangas** (*bargains*).

So, if you visit Spain or Latin America and you want to spend an enjoyable day, go to a **mercado**. That's where the action is!

Comprensión

1. A store where many different items are sold is _____.

2. Stores where a particular product is sold usually ends in the letters
    _____.

3. Some small storeowners who know their customers very well are willing to
    _____.

4. Another way of selling and buying is to go to a _____ and
    _____.

5. In flea markets, one can find _____ or _____.

Investigación

Find out more about the famous market places in the Spanish-speaking world—El Rastro (Madrid), La Ciudadela (Mexico). What can be bought there?

VOCABULARIO

el abrigo *overcoat*	**la gorra** *cap*	**los tenis** *sneakers*
la blusa *blouse*	**los guantes** *gloves*	**el traje** *suit*
los calcetines *socks*	**las medias** *stockings*	**el traje de**
la camisa *shirt*	**los pantalones** *trousers*	**baño** *bathing suit*
la chaqueta *jacket*	**el sombrero para la**	**los vaqueros** *jeans*
el cinturón *belt*	**playa** *beach hat*	**el vestido** *dress*
la corbata *tie*	**el suéter** *sweater*	**los zapatos** *shoes*
la falda *skirt*		
esa *that* (fem. sing.)	**esta** *this* (fem. sing.)	**llevar** *to wear, to take*
ese *that* (masc.)	**este** *this* (masc. sing.)	**necesitar** *to need*
esas *those* (fem, pl.)	**estas** *these* (fem. pl.)	
esos *those* (masc. pl.)	**estos** *these* (masc. pl.)	

Los animales

The Verb **decir**

 **Vocabulario**

el perro

el perrito

el caballo

el gato

el gatito

el cochino,
el cerdo, el puerco

la vaca

el toro

el burro

el león   el elefante   el tigre

el lobo   el conejo   el zorro

el mono   el ratón   el pez

el pájaro   el pato   la gallina

Actividad **A**

You went to visit the zoo. Label the pictures of some of the animals you saw.

1. _____

2. _____

3. _____

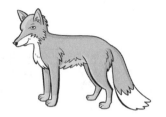

4. _____

5. _____

6. _____

Actividad B

La finca de Paco Pérez. Can you name all the animals on Paco's farm?

¿**Dónde están los animales?** Can you find the hidden animals in the picture?

EXAMPLE: **Hay un pájaro.**

_____   _____

_____   _____

_____   _____

_____   _____

_____   _____

_____   _____

Now read this story about animals:

No estamos solos

No estamos solos en este mundo. Vivimos con muchas clases de animales. Los animales más comunes son los animales domésticos como el perro y el gato. El gato vive en la casa con nosotros y caza ratones. El perro es nuestro amigo y compañero.

cazar *to hunt*

compañero
companion

Si vivimos en la ciudad, no tenemos la oportunidad de ver otros animales. La vaca, por ejemplo, da leche y de la leche hacemos el queso, la crema y otros productos. La gallina pone huevos, y su carne se llama pollo. La carne de vaca se llama (¡naturalmente!) carne de vaca. Si queremos comer carne de cochino, decimos puerco o cerdo.

poner *to lay*
la carne de vaca
beef

Hay otros animales que viven en libertad o que están en parques zoológicos. Estos animales son animales salvajes, como el tigre, el león, el lobo y el zorro.¿Tiene usted un lobo en casa? ¿No? ¿Un tigre, quizás? ¡Cuidado! El tigre y el león son de la familia del gato. El lobo y el zorro son de la familia del perro.

salvaje *wild*
quizás *maybe*
¡Cuidado!
Be careful

Actividad D

Complete these sentences.

1. En este mundo hay muchas _____ de animales.

2. _____ y _____ son dos animales domésticos.

3. El gato caza _____.

4. El perro es el _____ del hombre.

5. La vaca da _____.

6. Los huevos son productos de _____.

7. La carne de la gallina se llama _____.

8. La carne de cochino se llama _____ o _____ .

9. El león es un animal _____ .

10. El lobo, el zorro y el _____ son de la misma familia.

Para conversar en clase

1. ¿Por qué tiene la gente animales en el campo? ¿Y en la ciudad?

2. ¿Es cruel o es necesario cazar los animales? Justifica tu opinión.

3. ¿Cuál es la importancia de un parque zoológico?

4. ¿Por qué es importante preservar la selva y los animales salvajes?

Actividad E

¿Quién soy? Now that you know the Spanish name of some important animals, see if you can figure out who they are by their descriptions.

el campo *country*	**el alimento** *food, nourishment*
la hierba *grass*	**el ave** *bird*
me ve *see me*	**sucio** *dirty*
feroz *ferocious*	

1. Yo soy un animal del campo. Como hierba. Soy grande y corro muy rápido. Transporto a las personas. Soy _____ .

2. Como carne. Soy el mejor amigo del hombre. No me gustan los gatos. Soy _____ .

3. Soy grande y pacífica. Vivo en el campo. Como hierba todo el día. Doy leche. Soy _____ .

4. Soy un animal salvaje. El perro y yo somos de la misma familia. Como carne. El hombre tiene miedo cuando me ve. Soy _____ .

5. Soy el animal más grande de África. No soy feroz. Como hierba. Tengo una nariz muy grande que uso como mano. Soy _____ .

6. Vivo en las casas de las personas. También vivo en la calle. No me gustan los perros. Cazo ratones. Soy _____.

7. Soy un animal de poca inteligencia. Vivo en el agua. Mi carne es muy buen alimento. Soy _____.

8. Vivo en el campo. Soy un ave. Pongo huevos. Como maíz. Soy _____.

9. Yo soy un animal muy gordo. Dicen que soy sucio pero no es verdad. De mi carne hacen tocino y jamón. Soy _____.

10. Soy un animal inteligente. Vivo en los árboles. Estoy también en el parque zoológico y en el circo. Soy _____.

Actividad F

List the animals in groups.

Animales domésticos   **Animales del campo**   **Animales salvajes**

_____   _____   _____

_____   _____   _____

_____   _____   _____

                                 _____   _____

                                 _____

                                 _____

Here's our final irregular verb—**decir** (*to say or to tell*):

yo	**digo**	*I say, I tell*
tú	**dices**	*you say, you tell* (familiar)
Ud.	**dice**	*you say, you tell* (formal)
él ella	} **dice**	*he says, he tells* *she says, she tells*
nosotros nosotras	} **decimos**	*we say, we tell*
Uds.	**dicen**	*you say, you tell* (plural)
ellos ellas	} **dicen**	*they say, they tell*

As you can see, the forms of **decir** do not follow the rule for irregular -**ir** verbs that you learned in Lesson 10. The endings are regular, but the **e** in **decir** changes to **i** in all forms except the **nosotros** form (**decimos**).

Actividad G

Here are some things people are saying. Complete the sentences with the correct form of **decir**.

1. La televisión _____ que va a llover hoy.

2. María _____ que tenemos mucho tiempo.

3. Pablo y sus amigos _____ que el examen es muy difícil.

4. Yo _____ que hoy es lunes.

5. Usted siempre _____ la verdad, pero Jorge _____

   mentiras *(lies)*.

6. Nosotros _____ que no tenemos tareas para mañana.

7. Mis padres _____ que yo soy inteligente.

8. Tú _____ que vas a Puerto Rico este verano.

Work with a partner. Answer the questions with sentences containing a form of the verb **decir**.

1. ¿Qué dices cuando entras en la clase por la mañana?

Yo _____ : ¡Buenos días!

2. ¿Qué dice el profesor cuando contestas correctamente?

El profesor _____ : ¡Muy bien!

3. ¿Qué dicen tú y tus compañeros a la hora del almuerzo?

Yo y mis compañeros _____ : ¡Vamos a comer!

4. ¿Qué dicen tus padres cuando hay un examen?

Mis padres _____ : ¡Tienes que estudiar!

5. ¿Qué dice el policía para detener el tráfico?

El policía _____ : ¡Alto!

6. ¿Qué dicen tú y tus amigos cuando están en una fiesta?

Mis amigos y yo _____ : ¡Vamos a bailar!

CONVERSACIÓN

Vocabulario

conmigo *with me*
no importa *it doesn't matter*

muchas cosas que hacer *many things to do*

DIÁLOGO

Complete the dialog using appropriate expressions.

Cognate Connection

Give the meanings of the following Spanish and English words. Then use each English word in a sentence.

SPANISH		ENGLISH COGNATE	
1. año	*year*	annual	*yearly*
2. beber	_____	to imbibe	_____
3. cine	_____	cinema	_____
4. diente	_____	dentifrice	_____
5. edificio	_____	edifice	_____
6. cocina	_____	cuisine	_____
7. corazón	_____	coronary	_____
8. lengua	_____	linguist	_____
9. dedo	_____	digit	_____
10. decir	_____	dictate	_____

ENGLISH COGNATES USED IN SENTENCES

1. It is wise to have an *annual* physical check-up.

2. _____

3. _____

4. _____

5. _____

6. _____

7. _____

8. _____

9. _____

10. _____

List some other English cognates of the Spanish words in this lesson.

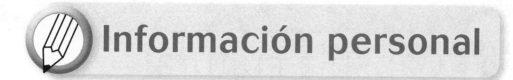

Información personal

Interview your partner. Take turns asking and answering the following questions.

1. ¿Qué animales te gustan?

_____

2. ¿Qué animales te asustan *(scare you)*? ¿Por qué?

_____

3. ¿Te gustan los gatos? ¿Por qué (sí o no)?

_____

4. ¿Qué dices al profesor (a la profesora) si no haces las tareas?

_____

5. ¿Qué dicen tus padres si ves muchos programas de televisión?

_____

6. ¿Qué dice tu madre si sacas malas notas?

_____

1. Name five animals you have seen in the zoo and describe them.

2. Write a short description of your pet or a pet you would like to have.

3. Name five animals that can be found on a farm and say what they can do.

4. Using photographs from magazines or your own drawings create a little dialog with animals as characters. Use your sense of humor!

Cápsula cultural

Is that a camel?

There are animals native to South America related to camels. The largest are the llamas. In fact, camels are descended from them. They have recently become popular in the United States. The llama has no hump and is four to five feet tall at the shoulder, with a body of four to five feet long. It is most useful as a pack animal. Llamas can carry about one hundred pounds each and are sure-footed on mountain trails. They can travel between 15 and 20 miles a day with a full load. Llamas can sometimes be very stubborn animals. If a llama feels its pack is too heavy, or if it thinks he has worked hard enough for a while, it will lie down with its front legs under him, groan, and refuse to get up or move on. When a llama is angry or is attacked, it may spit bad-smelling saliva into its enemy's face. But in general they are very docile animals and they are even kept as pets. They are good as shepherds, driving away wolves and coyotes. A llama, being a member of the camel family, can live for weeks without drinking water, as it gets its moisture from green plants.

The ancient Incas used llamas as pack animals across the Andes. They also made them part of their religious ceremonies. According to legend, it was a llama which warned an Inca family of the approaching rain and floods, thus saving this family, from which all other Incas descended. It is the Incas' story of Noah's ark and the deluge.

The Incas found a practical use for every part of a llama's body, especially its wool, which they wove into clothing. The llamas have been considered for centuries noble animals.

Comprensión

1. What is the camel of the Americas? _____

2. As pack animals, how much can they carry? _____

3. Who used llamas as pack animals long ago? _____

4. Where did they use them? _____

5. What part of the animal did they use the most? _____

Investigación

Find out more about llamas and their relatives, guanacos, alpacas, and vicuñas. Find out where you can find llamas in the United States. There are some farms that raise them. And some famous people keep them as pets.

VOCABULARIO

el ave *bird*
el burro *donkey*
el caballo *horse*
el cerdo *pig*
el cochino *pig*
el conejo *rabbit*
el elefante *elephant*
la gallina *hen*

el gato *cat*
el gatito *kitten*
el león *lion*
el lobo *wolf*
el mono *monkey*
el pájaro *bird*
el pato *duck*
el perro *dog*

el perrito *puppy*
el pez *fish*
el puerco *pig*
el tigre *tiger*
el toro *bull*
la vaca *cow*
el zorro *fox*

el animal doméstico *pet*
el animal salvaje *wild animal*
el campo *country*
cazar *to hunt*
el compañero *companion*

detener *stop*
feroz *ferocious*
la finca *land*
la granja *farm*
la selva *jungle*

¡Qué chico es el mundo!

Countries, Nationalities, and Languages

 ## Vocabulario

PAÍS	NACIONALIDAD	IDIOMA
(Los) Estados Unidos	norteamericano(-a)	el inglés
Inglaterra	inglés/inglesa	el inglés
Canadá	canadiense	el inglés y el francés
México	mexicano(-a)	el español
España	español/española	el español
Puerto Rico	puertorriqueño(-a)	el español
Cuba	cubano(-a)	el español
Portugal	portugués/portuguesa	el portugués
Brasil	brasileño(-a)	el portugués
Francia	francés/francesa	el francés
Haití	haitiano(-a)	el francés
Italia	italiano(-a)	el italiano
Alemania	alemán/alemana	el alemán
Rusia	ruso(-a)	el ruso
China	chino(-a)	el chino
Japón	japonés/japonesa	el japonés

2 **¡Qué chico es el mundo!** It's indeed a small world. Even so, it has many countries, and many languages are spoken in them. Sometimes the names of the nationality and the language are the same or similar:

un muchacho español
una muchacha española } Hablan español.

Sometimes they are different:

un señor norteamericano
una señora norteamericana } Hablan inglés.

Can you match up each country with its capital? To make it more challenging we've added an extra capital city. Do you know what country it's in?

EXAMPLE: **Bogotá es la capital de Colombia.**

País		Ciudad
1. (Los) Estados Unidos	_____	**a.** Londres
2. Argentina	_____	**b.** Berlín
3. Francia	_____	**c.** Tokio
4. España	_____	**d.** San José
5. Italia	_____	**e.** La Habana
6. Japón	_____	**f.** Buenos Aires
7. Rusia	_____	**g.** Washington
8. Inglaterra	_____	**h.** París
9. Cuba	_____	**i.** Madrid
10. Alemania	_____	**j.** Moscú
		k. Roma

Where do these people come from? Complete the sentences with the correct form of the adjective of nationality for the country or state in parentheses.

EXAMPLE: (Estados Unidos) Michael es **norteamericano**.

1. (Haití) Marie es _____.

2. (Francia) Paul y Monique son _____.

3. (Cuba) Enrique es _____.

4. (Rusia) Los abuelos de Natalia son _____.

5. (Japón) Las estudiantes nuevas son _____.

6. (Brasil) Su madre es _____.

7. (Portugal) Esos turistas son _____.

8. (Puerto Rico) Mi familia es _____.

9. (Italia) La tía de Carolina es _____.

10. (Alemania) ¿Son ellos _____?

Work with a partner. Name a country and your partner tells his/her nationality and the language he/she speaks.

YOU: **El país es Cuba.**
YOUR PARTNER: **Yo soy cubano/a. Hablo español.**

1. Argentina	10. España	
2. Italia	11. Portugal	
3. Canadá	12. Alemania	
4. Australia	13. Rusia	
5. Francia	14. China	
6. Haití	15. Ecuador	
7. Puerto Rico	16. Inglaterra	
8. Brasil	17. México	
9. La República Dominicana	18. Chile	

Actividad D

Complete the sentences with the correct information.

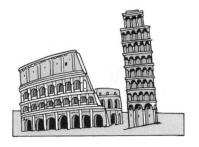

1. Estamos ahora en _____.

   Aquí viven los _____.

   Hablan _____.

2. Estamos ahora en _____.

   Aquí viven los _____.

   Hablan _____.

3. Estamos ahora en _____.

   Aquí viven los _____.

   Hablan _____.

4. Estamos ahora en _____.

   Aquí viven los _____.

   Hablan _____.

5. Estamos ahora en _____.

   Aquí viven los _____.

   Hablan _____.

6. Estamos ahora en _____.

   Aquí viven los _____.

   Hablan _____.

7. Estamos ahora en _____.

Aquí viven los _____.

Hablan _____.

8. Estamos ahora en _____.

Aquí viven los _____.

Hablan _____.

9. Estamos ahora en _____.

Aquí viven los _____.

Hablan _____.

10. Estamos ahora en _____.

Aquí viven los _____.

Hablan _____.

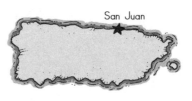

11. Estamos ahora en _____.

Aquí viven los _____.

Hablan _____.

12. Estamos ahora en _____.

Aquí viven los _____.

Hablan _____.

Now let's read something about our world, its countries, and its languages.

Nuestro mundo

En nuestro mundo hay muchos países y hablamos muchos idiomas. ¿Sabe usted que hay más de tres mil idiomas en el mundo?

**el idioma =
la lengua**
language
mil *thousand*

En las Naciones Unidas hay seis idiomas oficiales: el árabe, el chino, el español, el francés, el inglés y el ruso. Los países tienen generalmente un idioma oficial. Por ejemplo, en México es el español; en Francia, el francés; en Italia, el italiano; en Alemania, el alemán; en Japón, el japonés.

Pero muchos países tienen dos o más idiomas oficiales. En Suiza, por ejemplo, hablan alemán, italiano y francés. En Canadá, los dos idiomas oficiales son el inglés y el francés. En los Estados Unidos hablamos inglés, pero el español es importante también. En muchos lugares de nuestro país hay periódicos, revistas, películas, programas de radio y televisión en español. Hay millones de personas que hablan español en su vida diaria.

diario (-a) *daily*

Además, el español es importante también porque es un idioma internacional. Hablan español en España y en casi todos los países de Sudamérica y Centroamérica y en tres islas importantes del Caribe: Cuba, la República Dominicana y Puerto Rico. ¿Ahora comprende usted por qué el español es un idioma importante?

casi *almost*

Actividad **E**

Answer these questions based on the text you have just read.

1. ¿Cuántos idiomas hay en el mundo?

_____

2. ¿Cuántos idiomas oficiales tiene cada país generalmente?

_____

3. ¿Cuáles son los idiomas oficiales de Suiza?

_____

4. ¿Cuáles son los idiomas oficiales de Canadá?

_____

5. ¿Cuáles son los idiomas más importantes en los Estados Unidos?

_____

6. ¿En qué otras partes del mundo hablan español?

_____

7. ¿Cuáles son los idiomas oficiales de las Naciones Unidas?

_____

8. ¿Por qué es importante la lengua española?

_____

Para conversar en clase

1. ¿Qué es una persona bilingüe?

2. ¿Por qué es importante hablar dos lenguas?

3. ¿Cuáles son las lenguas importantes en tu ciudad?

4. ¿Qué palabras en inglés son del español?

5. ¿En qué países de Latinoamérica el español es el idioma oficial?

CONVERSACIÓN

Vocabulario

¡Caramba! *Gosh! Wow!*
el embajador *ambassador*

Complete this dialog using appropriate expressions.

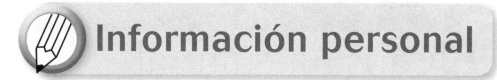 **Información personal**

Interview your partner. Take turns asking and answering the following questions.

1. ¿Qué idiomas/lenguas te interesan?

   _____

2. ¿Qué idiomas enseñan en tu escuela?

   _____

3. ¿Hay alumnos de otros países en tu escuela? ¿De dónde?

   _____

4. ¿Crees que el español es un idioma importante? ¿Por qué (sí o no)?

   _____

5. ¿Qué país quieres visitar en las vacaciones?

   _____

¡Practícalo!

You have just won a free trip to anywhere in the world. Congratulations! Tell in order of preference the five countries you would most like to visit and the language(s) spoken in each country. **¡Buen viaje!**

EXAMPLE: **Quiero visitar Chile. Hablan español.**

_____

_____

_____

_____

_____

 # Cápsula cultural

¡Tienes un correo electrónico!

Computers and the Internet are very popular in Spanish-speaking countries. However, you don't find computers and Internet access in as many homes as you do in the United States. One of the reasons for this is that they are both more costly. One way people can **navegar en Internet** *(surf the Internet)* and use computers, is by going to **cibercafés** *(cybercafes)*. They offer affordable access, and can be found just about anywhere.

The **buscadores** *(search engines)* *Yahoo* and *Google*, also have a strong presence in Spanish-speaking countries. On their home page you can find an **enlace** *(link)* to those sites, for example, the sites for Spain are www.yahoo.com.es and www.google.es.

The Internet is popular in Spanish-speaking countries for the same reasons as in the United States. People love to use **redes sociales** *(social networks)* like *Facebook* and *My Space,* and **charlar** or **conversar** *(chat)* on the Internet. Communication by **correo electrónico** *(e-mail)* is becoming a way of life. The use of the Internet for financial transactions, such as shopping, paying bills or banking, however, is not as widespread. Its use for professional purposes, such as looking for a job or **trabajar desde casa** *(telecommute)* is also not common practice yet.

The rapid availability of computers and easy access to the Internet, from Mexico to the tip of Argentina, across the Caribbean, to as far as Spain, will ensure that you stay **conectado** *(connected)* if you travel throughout the Spanish-speaking world.

Comprensión

1. In Spanish-speaking countries, people go to _____ to
   _____.

2. *Yahoo* and *Google* are _____.

3. In the Spanish-speaking world, individuals enjoy _____
   or _____ on the Internet, and they also communicate by
   _____.

4. An **enlace** is _____.

Investigación

Find out more about **cibercafés** in Spanish-speaking countries. What is their purpose? How do they work?

VOCABULARIO

Alemania *Germany*
Estados Unidos *United States*
Francia *France*
Italia *Italy*
Japón *Japan*

el alemán *German*
el chino *Chinese*
el español *Spanish*
el francés *French*
el inglés *English*

el italiano *Italian*
el japonés *Japanese*
el portugués *Portuguese*
el ruso *Russian*

¡Qué chico es el mundo! *It´s a small world.*
Buen viaje. *Have a good trip.*

el idioma *language*
el lenguage *language*

Las asignaturas

Telling about the Past; Preterit Tense

1 Vocabulario

Can you guess the names of these subjects (**asignaturas**)?

el álgebra

la geometría

la geografía

la historia

la biología

la química

la física

el arte

la música

la educación física

el inglés

el español

las matemáticas

las ciencias sociales

la tecnología

You have just received your class schedule for next year. What subjects do you have?

EXAMPLE: **Tengo inglés.**

1. _____   2. _____

3. _____

4. _____

5. _____

6. _____

7. _____

8. _____

2 Up to now you have learned to talk about things happening **ahora** (*now*), **hoy** (*today*), and even **mañana** (*tomorrow*). Now you will learn to talk about things that happened **anoche** (*last night*), **ayer** (*yesterday*), **la semana pasada** (*last week*), **el mes pasado** (*last month*), or **el año pasado** (*last year*). Of course, you need to use verbs in the past tense. One such past tense in Spanish is the PRETERIT. The PRETERIT is used to express actions or events that started and were completed in the past and happened only once.

To form the preterit tense of regular **-ar** verbs, simply remove the **-ar** ending of the verb and substitute the preterit ending:

	hablar
	hablar
yo	hablé
tú	hablaste
Ud., él, ella	habló
nosotros	hablamos
Uds., ellos, ellas	hablaron

Actividad B

Here are some things you and your friends did yesterday. Complete the sentences with the correct form of the verb in parentheses.

1. (trabajar) Carlos _____ mucho en su experimento de química.

2. (estudiar) Tú _____ para el examen de español.

3. (comprar) Ustedes _____ discos de música rock.

4. (visitar) Mercedes _____ a su padre.

5. (hablar) Mis hermanas _____ por teléfono todo el día.

6. (usar) Nosotros _____ la computadora.

7. (miran) Mauricio y Jorge _____ un partido de fútbol en la televisión.

8. (escuchar) Yo _____ música.

Actividad C

Answer the following questions in complete Spanish sentences.

1. ¿Compró usted un periódico hoy?

2. ¿Miró usted la televisión anoche?

_____

3. ¿Estudió usted la lección de español anoche?

_____

4. ¿Habló usted ayer por teléfono con sus amigos?

_____

5. ¿Cerró usted la puerta de su casa hoy por la mañana?

_____

6. ¿Trabajó usted el verano pasado?

_____

Change the following sentences from the present to the preterit.

1. La profesora explica bien la lección.

_____

2. ¿Por qué miras la televisión?

_____

3. ¿Tomas tú el autobús detrás de tu casa?

_____

4. Mis amigos bailan en la fiesta.

_____

5. El cartero pasa delante de mi casa.

_____

6. Me gustan tus zapatos nuevos.

_____

7. Ustedes caminan en dirección a la escuela.

_____

8. Nosotros usamos los tenedores de plástico.

_____

 Now that you know the preterit tense endings of regular **-ar** verbs, let's learn the preterit of **-er** and **-ir** verbs.

 Regular **-er** and **-ir** verbs have the same preterit tense endings:

	comer	abrir
yo	comí	abrí
tú	comiste	abriste
Ud., él, ella	comió	abrió
nosotros	comimos	abrimos
Uds., ellos, ellas	comieron	abrieron

Actividad E

What did these people do last Sunday? Complete the sentences with the correct form of the verbs in parentheses.

1. (comer) Mis padres _____ en un restaurante mexicano.

2. (beber) Mi tío _____ vino francés.

3. (recibir) Tú _____ una sorpresa.

4. (ver) Nosotros _____ una buena película.

5. (vender) Mi hermanita _____ limonada delante de nuestra casa.

6. (escribir) Yo _____ una carta a mis abuelos.

7. (correr) Ustedes _____ por el parque.

8. (salir) Juana _____ con Jorge.

9. (aprender) El bebé _____ a caminar.

You had a "late start" on Saturday. What did everyone do while you were sleeping?

1. Emilio/practicar tenis

_____

2. mi mamá/preparar el almuerzo

_____

3. mi padre/hablar por teléfono con mi tío

_____

4. Yolanda y su hermana/trabajar en el jardín

_____

5. tus hermanos/correr dos millas en el parque

_____

6. Ustedes/abrir todas las ventanas de la casa

_____

7. mi hermana/escribir un correo eléctronico

_____

8. mis primas/comer pizza

_____

9. mi tía/mirar una telenovela

_____

10. el cartero/entregar las cartas

_____

Read this story about an interesting report card. Pay attention to the verbs in bold type. They are in the preterit.

Las notas de Alejandro

Llegaron las vacaciones. Alejandro no tiene trabajo en el verano y va a pasar los meses de julio y agosto en el campo, en el parque y en la playa. **Estudió** mucho el año pasado y no quiere trabajar más.

Anoche su padre **entró** en casa y **preguntó**: —¿No tienes más clases, hijo?

—No Papá. **Estudié** mucho todo el año y ahora tengo vacaciones. Papá, ¿quieres ver una cosa interesante?

—Está bien, ¿qué es?

—Mira este informe escolar.

Entonces, el padre **miró** la tarjeta y **exclamó** furioso: —¿Es tu informe escolar? ¿Cómo es posible recibir notas tan horribles? No eres tonto. Tienes 65 en matemáticas, biología y español, y 70 en inglés y en ciencias sociales. No **estudiaste** suficiente. **Miraste** muchos programas de televisión. **Escuchaste** mucha música todo el día. **Hablaste** mucho por teléfono. ¿Qué **pasó**?

—Pero papá, tú no **miraste** bien la fecha. No es mi informe. Es un papel que **encontré** con los papeles viejos. ¡Es tu informe!

El papá **miró** la fecha: Alejandro tiene razón.

—Aquí está mi informe:

No está mal, ¿verdad?

ESCUELA SECUNDARIA BOLÍVAR	
INFORME ESCOLAR	
ALUMNO	Alejandro Mejías
CURSO	10
ASIGNATURA	NOTA
INGLÉS	90
CIENCIA	95
ESPAÑOL	95
CIENCIAS SOCIALES	90
MÚSICA	95
EDUCACIÓN FÍSICA	90
MATEMÁTICAS	85

curso *grade level*

Actividad G

Complete the following according to the story.

1. Ayer _____ las vacaciones.

2. Alejandro _____ mucho el año pasado.

3. Anoche su padre _____: —¿No _____ más clases?

4. El papá miró el informe y _____, furioso: —¿Es éste tu

_____? ¿Cómo es posible _____ notas tan horribles?

5. Según el informe, Alejandro sacó 65 en _____,

_____ y _____.

6. Sacó 70 en _____ y en _____.

7. El papá de Alejandro no _____ bien la fecha del informe.

8. Alejandro encontró el informe con los papeles _____.

9. El papá de Alejandro _____ la fecha del informe.

10. En realidad, Alejandro sacó _____.

Para conversar en clase

1. ¿Cuándo están contentos los padres con sus hijos?

2. ¿Qué hacen los estudiantes para recibir buenas notas?

3. ¿Qué haces tú en los meses de verano?

4. ¿Qué estudiamos en la clase de ciencias sociales?

Actividad H

Change the following sentences from the present to the preterit.

1. Salgo de mi casa a las ocho de la mañana.

_____

2. Ustedes escriben una composición en español.

_____

3. Nosotros saludamos a nuestros amigos.

_____

4. Tú aceptas mi explicación.

_____

5. Rosita vive en la ciudad de México.

_____

6. Ellos beben mucho café.

_____

7. Mis hermanitas estudian por la noche.

_____

8. Nosotros comemos a las seis y después estudiamos.

_____

Actividad ❶

Un día típico. ¿Qué pasó ayer en la escuela? Write what happened in school yesterday using the information given.

EXAMPLE: el profesor Garza / abrir la puerta / a las ocho
El profesor Garza abrió la puerta a las ocho.

1. los alumnos / entrar en la clase / rápidamente

_____

2. Manuel / cerrar la puerta de la sala de clase

_____

3. Mirta y Marta / escribir las palabras nuevas / en la pizarra

_____

4. al mediodía / nosotros / comer / en la cafetería

_____

5. yo / comer una hamburguesa / y beber / un refresco

_____

6. los estudiantes / estudiar para el examen / en la biblioteca

_____

7. mis amigos / practicar deportes / por la tarde

_____

8. nosotros / salir de la escuela / a las tres de la tarde

_____

Vocabulario

el curso de verano *summer school*
la mala suerte *bad luck*

You have come home from school with your report card and are discussing it with your mother. Complete the dialog.

Información personal

Interview your partner. Take turns asking and answering the following questions.

1. ¿Qué asignaturas tienes este semestre?

_____

2. ¿Qué asignaturas tuviste el año pasado?

_____

3. ¿Qué programas de televisión viste anoche?

_____

4. ¿A qué hora saliste de la escuela ayer?

_____

5. ¿Qué recibiste de regalo de cumpleaños el año pasado?

_____

Make up your own report card. Make a list in Spanish of all the subjects you have taken this term and give yourself the grades you think you deserve.

ESCUELA SECUNDARIA BOLÍVAR	
Alumno _____	
Curso _____	
Asignatura	Nota
_____	_____
_____	_____
_____	_____
_____	_____
_____	_____
_____	_____

Cápsula cultural

Maya Mathematics

If someone were asked to list the basic numerals used in mathematical computations, 0 1 2 3 4 5 6 7 8 9 would be a sensible answer—provided we are talking about the system we are presently using. The system of counting that we use today, with nine figures and a zero, originated in India. It was based on the arithmetic developed by the ancient Egyptians and Babylonians, who used it for counting money or measuring distance. Their numbers had no zero or other symbol to mean the absence of something. This kept the ancient mathematics from advancing very far.

However, thousands of miles away, in Central America and the Yucatan Peninsula (Southern Mexico), the Mayan people developed one of the world's greatest ancient civilizations.

Skilled in mathematics, astronomy, science, art, and architecture, they developed a full writing system using an advanced form of hieroglyphics and numbering, recording dates and astronomical information in folding books made of bark-cloth paper.

One of the major accomplishments of the Maya was the development of the numerical concept of zero—essential to the understanding and development of modern mathematics. Their mathematical system consisted of bars and dots. The Mayans used only three numerical symbols—the dot for one, the bar for five, and the shell for zero.

Unlike our system, which is decimal (based on 10) and increases in value from right to left, the Mayan system was based on 20 and increased from bottom to top in vertical columns.

The Mayans were fascinated with numbers, especially 20. There were twenty days in a month, twenty months in a year, twenty years to a 400-year period. The Mayan calendar begins in 3114 BC and measured time to a period 9,000,000 years into the future!

Comprensión

1. Our counting system consists of _____ basic numerals.

2. The Mayan civilization was located in _____ .

3. The Mayans were skilled in _____ .

4. Write the following in Arabic numerals:

   a) • • _____   b) • •   c) • _____

5. How would the Mayans write these numbers:
   a) 20   b) 9   c) 0

Investigación

Find out more about Mayan history. Go to the Internet and download a map of Ancient Mayan Empire. Tell about Mayan architecture. What and where was Chichén Itzá?

VOCABULARIO

el álgebra *algebra*
el arte *art*
la biología *biology*
las ciencias sociales *social studies*
la educación física *physical education*
el español *Spanish*
la física *physics*
la geografía *geography*

la geometría *geometry*
la historia *history*
el inglés *English*
las matemáticas *mathematics*
la música *music*
la química *chemistry*
la tecnología *technology*

ahora *now*
anoche *last night*
el año pasado *last year*
ayer *yesterday*
el mes pasado *last month*
la semana pasada *last week*

el curso *grade level*
el curso de verano *summer school*
el informe escolar *report card*
la nota *grade*

Repaso VI

(Lecciones 21–24)

Lección 21

this	**este, esta**	*that*	**ese, esa**
these	**estos, estas**	*those*	**esos, esas**

Lección 22

The verb **decir** (*to say, to tell*) has irregular forms except for the **nosotros** form.

yo	digo	nosotros nosotras }	decimos
tú	dices		
Ud. él, ella } dice		Uds. ellos, ellas } dicen	

Lección 23

Review the vocabulary on page 426.

Lección 24

To form the preterit tense of regular **-ar, -er,** and **-ir** verbs, drop the **-ar, -er,** and **-ir** from the infinitive and add the appropriate endings.

	hablar	correr	subir
yo	hablé	corrí	subí
tú	hablaste	corriste	subiste
Ud., él, ella	habló	corrió	subió
nosotros	hablamos	corrimos	subimos
Uds., ellos, ellas	hablaron	corrieron	subieron

Actividad A

Complete the sentences under the pictures with the preterit tense. Choose the verbs from the list on the following page.

comer	correr	preparar	subir
comprar	practicar	salir	viajar

1. Ayer mis amigos _____ fútbol.

2. El sábado pasado María _____ un vestido.

3. Anoche mi papá _____ arroz con pollo.

4. El verano pasado yo _____ muchas cerezas.

5. Ayer mi gato _____ a un árbol.

6. Anoche ellos _____ tres millas.

7. Las semana pasada nosotros _____ tarde de la escuela.

8. Usted _____ a Puerto Rico en avión.

¿Qué recibió Rosa para su cumpleaños? Fill in the Spanish words, and then read down the boxed column to find what Rosa got for her birthday.

1.   __ __ __ __ __ __

2.   __ __ __ __ __ __

3.   __ __ __ __ __

4.   __ __ __ __ __

5.   __ __ __ __ __ __

6.   __ __ __ __ __

7.   __ __ __ __ __ __

8.   __ __ __ __ __ __ __

9.   __ __ __ __

10.   __ __ __ __ __ __ __ __ __

11.   __ __ __ __ __ __ __

12.   __ __ __ __ __ __ __

13.   __ __ __ __ __

14.   __ __ __ __ __ __

Crucigrama de animales. Complete the puzzle, using the picture clues below.

1.

2.

3.

4.

5.

6.

7. (across)

7. (down)

8. (across)

8. (down)

9.

10.

11.

12.

13.

14.

Actividad D

Buscapalabras. There are fourteen articles of clothing and five animals hidden in the puzzle. Circle them from left to right, right to left, up or down, or diagonally across.

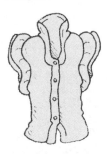

```
Z  P  N  Ó  R  U  T  N  I  C
F  A  L  D  A  V  A  C  A  H
S  N  P  C  O  R  B  A  T  A
U  T  T  A  B  L  U  S  A  Q
É  A  R  M  T  O  T  A  P  U
T  L  A  I  A  O  H  P  E  E
E  O  J  S  T  O  R  O  F  T
R  N  E  A  O  G  I  R  B  A
V  E  S  T  I  D  O  P  E  Z
D  S  O  M  B  R  E  R  O  P
```

_____   _____   _____

_____   _____   _____

_____   _____   _____

_____   _____   _____

_____   _____   _____

_____   _____

_____   _____

Crucigrama de idiomas. Write the Spanish names of nine languages you have learned. Letters at the intersections give further clues.

		A		**A**	**O**

E

O | **U** | **É**

É

Actividad F

Jumble. Unscramble the names of the following countries. Then arrange the letters in the circles to find out what the words have in common.

ELAMIANA

SOSEDAT DINUSO

LIRSAB

ITHÍA

GULATROP

ÑEPASA

Solución: son

Actividad **G**

Anuncio publicitario (*Advertisement*). Read the following ad and choose the best answer to each question, based on what you read.

1. What kinds of clothing are sold in this store? _____
   (a) For males and females of all ages   (b) For pets
   (c) For brides   (d) For the military
2. What kind of sale is being held now? _____
   (a) Winter Sale   (b) Summer Sale   (c) Christmas Sale
   (d) "Going Out of Business" Sale
3. Where do the shoes come from? _____
   (a) Spain   (b) Italy   (c) Korea   (d) USA

4. What kinds of jackets are being sold? _____
   (a) Men's leather jackets   (b) All kinds of women's jackets
   (c) Boys' jackets   (d) Mink jackets

5. What types of suits are being advertised? _____
   (a) Stylish suits   (b) Elvis Presley suits
   (c) Children's suits   (d) Extra large suits

6. What choice of colors is there in men's shirts? _____
   (a) Red only   (b) White only   (c) Plaid only   (d) Many colors

7. How much money would be saved on a pair of men's trousers? _____
   (a) 50%   (b) $2   (c) $5   (d) 1/3

8. What kinds of sweaters are being offered? _____
   (a) Children's   (b) Men's   (c) Girls'   (c) Women's

9. How many pairs of shoes can one purchase? _____
   (a) Any number of pairs   (b) One pair   (c) Two pairs   (d) Six pairs

10. When is the store open? _____
    (a) Tuesday through Sunday   (b) Weekdays only
    (c) Monday, Wednesday, and Friday   (d) Every day

Actividad H

Picture Story. Read this story. Much of it is in picture form. When you come to a picture, read it as if it were a Spanish word.

En muchos países del hay cuatro estaciones: la ,

el  , el y el . La  que usamos

depende de la estación. Cuando hace , usamos un , un

o una y . Cuando hace , no usamos

mucha ropa. Las llevan un y los  llevan una o

una y cortos. En muchos países tropicales, como

las del Caribe, nunca hace ; siempre brilla el .

Hay tropicales, y brisa del . Las  son

magníficas y las personas llevan para nadar. ¡Vamos a tomar el próximo

 para ir a una  tropical!

Spanish-English Vocabulary

The Spanish-English Vocabulary is intended to be complete for the context of this book.

Nouns are listed in the singular. Regular feminine forms of nouns are indicated by **(-a)** or the ending that replaces the masculine ending: **abogado(-a)** or **alcalde(-esa)**. Irregular noun plurals are given in full: **voz** *f.* voice; (*pl.* **voces**). Regular feminine forms of adjectives are indicated by **-a**.

ABBREVIATIONS

adj.	adjective	*m. & f.*	masculine or feminine
f.	feminine	*pl.*	plural
inf.	infinitive	*sing.*	singular
m.	masculine		

A

a to, at; **a la dos** at 2 o'clock
abierto, -a open
abogado(-a) lawyer
abrigo *m.* overcoat
abril April
abrir to open
abuela *f.* grandmother
abuelo *m.* grandfather; **los abuelos** *m. pl.* grandparents
accidente *m.* accident
aceptar to accept
actividad *f.* activity
actor *m.* actor
actriz *f.* actress
además besides, in addition
adiós good-bye
adorable adorable
¿adónde? (*to*) where?
¿adónde va Ud.? where are you going?
aeropuerto *m.* airport
agencia de viajes *f.* travel agency
agosto August
agradable pleasant, nice
agua *f.* water
ahora now; **ahora mismo** right now
aire *m.* air
alegre happy
alemán *m.,* (*f.* **alemana**) German

Alemania Germany
álgebra *f.* algebra
algo something, anything; **¿algo más?** anything else?
algodón *m.* cotton
algún, alguna any
alimento *m.* food, nourishment
allí there
almacén *m.* department store
almuerzo *m.* lunch
alrededor (de) around
alto, -a tall
alumno(-a) pupil, student
amable kind, nice
amarillo yellow
ambulancia *f.* ambulance
americano, -a American
amigo(-a) friend
amor *m.* love; **amorcito, mi amor** darling, my love
anaranjado orange (*color*)
andar to walk; **algo anda mal** something is wrong
animal *m.* animal; **animal doméstico** pet
aniversario *m.* anniversary
anoche last night
antes de before
anuncio *m.* announcement; **anuncio publicitario** advertisement
año *m.* year; **tener... años** to

be ... years old; **¿cuántos años tiene Ud.?** how old are you?
apartamento *m.* apartment
aprender to learn
aquí here
árabe Arab
árbol *m.* tree; **árbol de Navidad** Christmas tree
aritmética *f.* arithmetic
arroz *m.* rice; **arroz con frijoles** rice and beans; **arroz con pollo** chicken with rice
arte *m.* art
artificial artificial
artista *m. & f.* artist
ascensor *m.* elevator
así so, therefore
asignatura *f.* subject
aspirina *f.* aspirin
asustar scare
atún *m.* tuna fish
auto, automóvil *m.* car, automobile
autobús *m.* bus
ave *f.* bird
avenida *f.* avenue
avión *m.* airplane
¡ay! oh! (*expression of distress*); **¡ay de mí!** poor me!
ayer yesterday
ayuda *f.* aid, help
ayudante *m. & f.* assistant

ayudar to help
azúcar *m.* sugar
azul blue

B

bailar to dance
baile *m.* dance
bajo, -a low, short; **a precios bajos** at low prices
banana *f.* banana
banco *m.* bank; bench
bandera *f.* flag
baño *m.* bath; **cuarto de baño** *m.* bathroom; **traje de baño** *m.* bathing suit
barbero *m.* barber
base *f.* base
basura *f.* garbage
bebé *m. & f.* baby
beber to drink
bebida *f.* beverage, drink
béisbol *m.* baseball
beso *m.* kiss
biblioteca *f.* library
bicicleta *f.* bicycle
bien well; **está bien** all right
bienvenido, -a welcome
biología *f.* biology
bistec *m.* steak
blanco white
blusa *f.* blouse
boca *f.* mouth
bombero *m.* firefighter
bonito, -a pretty
botánico botanical
botella *f.* bottle
Brasil *m.* Brazil
brasileño, -a Brazilian
brazo *m.* arm
brisa *f.* breeze; **brisa del mar** sea breeze
bueno good; all right, O.K.; **¡buen viaje!** have a nice trip!; **¡qué bueno!** how nice!; **¡buena suerte!** good luck! **buenos días** good morning; **buenas tardes/noches** good evening/night
burro *m.* donkey
buscar to look for

C

caballo *m.* horse
caballero *m.* gentleman
cabeza *f.* head
cada each, every
cadáver *m.* corpse, dead body
café *m.* coffee; café
calcetín *m.* sock
cálculo *m.* calculus
calendario *m.* calendar
caliente warm, hot
calor *m.* heat; **hacer calor** to be warm or hot *(weather)*; **tener calor** to be (=feel) warm or hot; **hace calor hoy** it's warm today; **tengo calor** I am warm
calle *f.* street
cama *f.* bed
camarera *f.* waitress
camarero *m.* waiter
caminar to walk
camisa *f.* shirt
camiseta *f.* T-shirt; undershirt
campo *m.* country, field
computadora *f.* computer
Canadá *m.* Canada
canadiense *m. & f.* Canadian
canción *f.* song
cansado, -a tired
cantar to sing
cara *f.* face
¡caramba! gosh!; wow!
Caribe: mar *m.* **Caribe** Caribbean Sea; **la zona del Caribe** Caribbean area
carne *f.* meat; **carne de vaca** beef
carnicería *f.* butcher shop
carpintero(-a) *m.* carpenter
cartero(-a) letter carrier
casa *f.* house, home; **en casa** at home
casi almost
caso *m.* case
castellano *m.* Castilian; Spanish language
castigar to punish
catorce fourteen
cazar to hunt

celebrar to celebrate
célebre famous
cena *f.* supper
centavo *m.* cent, penny
centro comercial *m.* shopping center, mall
Centroamérica Central America
cerca de near
cerdo *m.* pork
cereal *m.* cereal
cereza *f.* cherry
cero zero
cerrado, -a closed
cesta *f.* basket
cibercafé cybercafé
champán *m.* champagne
champiñón *m.* mushroom
chaqueta *f.* jacket
chica *f.* girl
chico *m.* boy
chileno, -a Chilean
chino, -a Chinese
chocolate *m.* chocolate
chocolatín *m.* chocolate bar, piece of chocolate
cielo *m.* sky
cien, ciento one hundred; **por ciento** percent
ciencias *f. pl.* science; **ciencias sociales** social studies
científico(-a) scientist
cinco five
cincuenta fifty
cine *m.* movie theater; **ir al cine** to go to the movies
cinturón *m.* belt
circo *m.* circus
ciudad *f.* city
¡claro! of course
clase *f.* class; kind, type; **clase de español** Spanish class; **no hay clases hoy** there's no school today; **muchas clases de** many kinds of; **¿qué clase de...?** what kind of... ?
cliente *m. & f.* customer
cocina *f.* kitchen
cocinar to cook
cóctel *m.* cocktail

coche *m.* car
cochino *m.* pig
cocinero(-a) cook
coger to take
color *m.* color
comedor *m.* dining room
comer to eat
comestibles *m. pl.* groceries; **tienda de comestibles** *f.* grocery store
comida *f.* meal; food
como as, like, **¿cómo?** how?; **¿cómo está Ud.?** how are you? **¿cómo te llamas?** what is your name?
compañero(-a) companion
compartir to share
comprador(-a) buyer, customer, shopper
comprar to buy
comprender to understand
con with
concierto *m.* concert
conejo *m.* rabbit
conmigo with me
conocer to know
copa *f.* wine goblet
conservas *f. pl.* canned goods
contar to count
contento, -a glad, happy
contestar to answer
contigo with you
corazón *m.* heart
corbata *f.* necktie
correo *m.* post office; **correo electrónico** *m.* e-mail
correr to run
corto short
cosa *f.* thing; **muchas cosas que hacer** many things to do
costar to cost; **cuesta** it costs
costilla de puerco *f.* pork rib
creer to believe, think
crema *f.* cream
criminal criminal
crucigrama *m.* crossword puzzle
cruel cruel

cuaderno *m.* notebook, exercise book
cuadro *m.* painting
¿cuál? ¿cuáles? which? what?
cuando when; **¿cuándo?** when?
¿cuánto? how much?
¿cuántos? how many?
cuarenta forty
cuarto *m.* room; **cuarto de baño** bathroom
cuarto; es la una y cuarto it's a quarter past one *(o'clock)*, it's 1:15
cuatro four
cubano Cuban
cubiertos *m. pl.* flatware *(knives, forks, spoons)*
cubrir to cover
cuchara *f.* spoon; tablespoon
cucharita *f.* teaspoon
cuchillo *m.* knife
cuello *m.* neck
cuerpo *m.* body
¡cuidado! *(be)* careful!
cumpleaños *m.* birthday
curso *m.* course; **curso de verano** summer course

D

dar to give
de of, from; **la hermana de María** María's sister
debajo de under, beneath
deber to owe
decir to say; to tell
dedo *m.* finger
delante de in front of
delicioso, -a delicious
demasiado too much; **demasiados** too many
dentista *m. & f.* dentist
dependiente *m. & f.* clerk *(in a store)*
deporte *m.* sport
desayuno *m.* breakfast
describir to describe
descubrimiento *m.* discovery
desear to wish; to want
desilusionado, -a disappointed

detrás de in back of, behind
día *m.* day; **buenos días** good morning; **día de fiesta** holiday; **todo el día** all day; **todos los días** every day; **Día de la Raza** Columbus Day
diccionario *m.* dictionary
diciembre December
diente *m.* tooth
diez ten; **diecinueve** nineteen; **dieciocho** eighteen; **dieciséis** sixteen; **diecisiete** seventeen
difícil difficult, hard
dinero *m.* money
Dios God
director(-a) director; *(school principal)*
disco compacto *m.* C.D.
discoteca *f.* discotheque, disco
disculpar: disculpe excuse me
disfrutar to enjoy
divertirse to have fun
dividir to divide; **dividido por** divided by
doce twelve
docena *f.* dozen
doctor(-a) doctor
dólar *m.* dollar
domingo *m.* Sunday
dominicano(-a) Dominican; **la República Dominicana** Dominican Republic
¿dónde? where?
dormir to sleep
dormitorio *m.* bedroom
dos two
dulce *m.* sweet; piece of candy; **dulces** candy, sweets
durante during

E

Ecuador *m.* Ecuador
ecuatoriano, -a Ecuadorian
edad *f.* age
edificio *m.* building; **edificio de apartamentos** apartment building
educación física *f.* physical education
ejercicio *m.* exercise

él he

electrodoméstico: aparato electrodoméstico *m.* electrical appliance

elefante *m.* elephant

ella she

ellos(as) they

emergencia *f.* emergency

empezar to begin

empleado(-a) employee

en in, on

encima (de) on top (of)

enero January

enfermero(-a) nurse

enfermo, -a sick, ill; **enfermo(-a)** sick person, patient

enfrente across from

enorme enormous, huge

ensalada *f.* salad; **ensalada de papas** potato salad

enseñar to teach

entonces then; in that case

entrar (en) to enter; **entrar en la clase** to enter (come into) the class

esa, ese, eso that; **eso es todo** that's all; **por eso** for that reason

escribir to write

escritorio *m.* desk

escuchar to listen (to)

escuela *f.* school

España Spain

español, -a Spanish

espectáculo *m.* spectacle

esperar to wait; to hope

esposa *f.* wife

esposo *m.* husband

esta, este this; **esta noche** tonight

estación *f.* season; station; **estación de trenes** train station

estadio *m.* stadium

Estados Unidos *m. pl.* United States

estar to be; **está bien** O.K., all right

estéreo *m.* stereo

estilo *m.* style

estómago *m.* stomach

estrella *f.* star

estudiante *m. & f.* student

estudiar to study

estudio *m.* study

estudioso, -a *m.* studious

estupendo, -a great, fine

examen *m.* (*pl.* **exámenes**) examination, test

excelente excellent

F

fábrica *f.* factory

fácil easy

falda *f.* skirt

familia *f.* family

famoso, -a famous

farmacia *f.* pharmacy, drugstore

favor *m.* favor; **por favor** please

febrero February

fecha *f.* date

feo, -a ugly

feroz savage, cruel

fiebre *f.* fever

fiesta *f.* party; **día de fiesta** holiday

fin *m.* end; **al fin** at last; **finalmente** finally; **fin de semana** weekend

finca *f.* farm

física *f.* physics

foto, fotografía *f.* photo, photograph

flaco, -a thin, skinny

flor *f.* flower

francés *m.,* (*f.* **francesa**) french

Francia France

frase *f.* phrase

frecuencia: con frecuencia frequently

frente *f.* forehead; **frente a** across from, facing

fresco fresh; **hace fresco** it's cool (*weather*)

frijoles *m. pl.* beans

frío cold; **hacer frío** to be cold (*weather*); **tener frío** to be (= *feel*) cold; **tengo frío** I'm cold; **estar frío** to be cold (*liquids or objects*); **el agua está fría** the water is cold

frito, -a fried

fruta *f.* fruit

frutería *f.* fruit store

fútbol *m.* soccer

G

gallina *f.* hen

ganar to win; to earn

garaje *m.* garage

gasolina *f.* gas

gatito(-a) kitten

gato *m.* cat

general: por lo general in general

gente *f.* people

geometría *f.* geometry

globo *m.* balloon

gordo, -a fat

gorra *f.* cap

gracias thanks, thank you; **muchas gracias** thank you very much

grado *m.* degree; grade

grande big, large, great

gratis free of cost

guante *m.* glove

guapo, -a handsome

gustar to please; **me gusta(n)** I like

guía *m. & f.* guide

H

habitación *f.* room

hablar to speak, talk; **es hablar por hablar** It´s just talk

hacer to do; to make; **hace buen tiempo** the weather is nice; **hace calor** it's warm (*hot*); **hace fresco** it's cool (*chilly*); **hace frío** it's cold; **hace mal tiempo** the weather is bad; **hace sol** it's sunny; **hace viento** it's windy; **¿qué tiempo hace?** how's the weather?

Haití Haiti

haitiano, -a Haitian
hambre *f.* hunger; **tener hambre** to be hungry
hamburguesa *f.* hamburger
hasta until; **hasta la vista** I'll be seeing you, see you later; **hasta mañana** see you tomorrow; **hasta luego** see you later
hay there is; there are; **no hay** there isn't, there aren't; **no hay clases hoy** there's no school today
helado *m.* ice cream; **helado de vainilla** vanilla ice cream
hermana *f.* sister
hermano *m.* brother
hierba *f.* grass
hija *f.* daughter
hijo *m.* son; **hijos** *m. & f.* sons, sons and daughters
historia *f.* history
hoja *f.* leaf
hola hello
hombre *m.* man
hora *f.* hour; **¿qué hora es?** what time is it?; **es hora de** it is time to
horrible horrible
hotel *m.* hotel
hoy today
huevo *m.* egg; **huevos fritos** fried eggs; **huevos duros** hard-boiled eggs

I

idioma *m.* language
iglesia *f.* church
importa: no importa it doesn't matter, never mind
importado, -a imported
importante important
imposible impossible
informe *m.* report
Inglaterra England
inglés *m.,* (*f.* **inglesa**) English
inmenso, -a immense, huge
invitación *f.* invitation
invitar to invite

inteligente intelligent
interesante interesting
invierno *m.* winter
ir to go; **ir a pie** to walk, go on foot; **ir en auto, ir en automóvil, ir en coche** to go by car; **ir en autobús** to go by bus; **ir en avión** to go by plane; **ir en bicicleta** to go by bicycle; **ir en metro** to go by subway; **ir en taxi** to go by taxi; **ir en tren** to go by train; **ir de compras** to go shopping; **ir de excursión** to go on a trip
isla *f.* island
Italia Italy
italiano, -a Italian

J

jamón *m.* ham
Japón *m.* Japan
japonés *m.,* (*f.* **japonesa**) Japanese
jardín *m.* garden; **jardín botánico** botanical garden
joven young; *m.* young man young woman
juego *m.* game; match; **hacer juego** to match
jueves *m.* Thursday
jugo *m.* juice; **jugo de naranja** orange juice
julio July
junio June

K

kilómetro *m.* kilometer

L

labio *m.* lip
lado *m.* side; **al lado de** next to, beside
lago *m.* lake
lámpara *f.* lamp
lana *f.* wool
lápiz *m.* (*pl.* **lápices**) pencil
largo long
lata *f.* can
lección *f.* lesson

leche *f.* milk
lechería *f.* dairy
lechuga *f.* lettuce
leer to read
legumbre *f.* vegetable
lejos de far from
lengua *f.* tongue; language
lenguado *m.* sole
león *m.* lion
levantar to lift, raise;
levantarse to get up; **yo me levanto** I get up
libra *f.* pound
libre free
librería *f.* bookstore
libro *m.* book
limón *m.* lemon
limpiar to clean
limpio, -a clean
liquidación *f.* sale
lista de platos *f.* menu
litro *m.* liter (= *1.06 quarts*)
llamar to call; **¿cómo se llama Ud.?** what is your name?; **yo me llamo Susana** my name is Susana; **él se llama Pablo** his name is Pablo
llenar to fill; to fulfill
lleno full
llevar to wear; to take
llueve it's raining
lobo *m.* wolf
loco, -a crazy; *m.* crazy person, lunatic
lugar *m.* place
luna *f.* moon
lunes *m.* Monday

M

madre *f.* mother
maestro(-a) teacher; *m.* master
¡magnífico! great! wonderful!
maíz *m.* corn
malo (-a) bad; **estar malo** to be sick, feel sick
mamá *f.* mom; **mamacita, mamita** *f.* mommy
mandar to send
mano *f.* hand
mantequilla *f.* butter

manzana *f.* apple
mañana tomorrow; **de la mañana** A.M., in the morning
mar *m.* sea, ocean
mariscada *f.* seafood casserole
mariscos *m. pl.* shellfish
martes *m.* Tuesday
marzo March
más more; **más de, más que** more than
matemáticas *f. pl.* mathematics
matrícula *f.* license-plate number
mayo May
mayonesa *f.* mayonnaise
media *f.* stocking; half; **medianoche** *f.* midnight
médico(-a) physician, doctor
medicina *f.* medicine; medication
medio half; **es la una y media** it is half past one (*o'clock*); *m.* environment
mediodía *m.* noon
menos minus; except
mensaje *m.* message; **mensaje de texto** *m.* text message
menú *m.* menu
mercado *m.* market
mes *m.* month
mesa *f.* table; desk
método *m.* method
mexicano, -a Mexican
México Mexico
mi, mis my
miércoles *m.* Wednesday
mío mine
mirar to look (at); **mirar la televisión** to watch television
mismo same
mochila *f.* backpack
moda *f.* fashion, style; **de última moda** in the latest style
moderno, -a modern
módico, -a moderate
modismo *m.* idiom
moneda *f.* coin

mono *m.* monkey
monstruo *m.* monster
monstruoso, -a monstrous
moreno, -a brunette
morir to die
mosquito *m.* mosquito
mostaza *f.* mustard
motocicleta *f.* motorcycle
motor *m.* motor, engine
muchacha *f.* girl
muchacho *m.* boy
mucho much, a great deal (of), a lot (of); **tengo mucho calor** I'm very warm
muchos many
mujer *f.* woman
mundo *m.* world; **todo el mundo** everybody
museo *m.* museum
música *f.* music
muy very

N

nacimiento *m.* birth
nación *f.* nation; **Naciones Unidas** United Nations
nacionalidad *f.* nationality
nada nothing; **de nada** you're welcome
nadar to swim
naranja *f.* orange
naranjada *f.* orangeade
nariz *f.* nose
natural natural
Navidad *f.* Christmas; **¡Feliz Navidad!** Merry Christmas!
necesario, -a necessary
necesitar to need
negro black
nene (-a) baby
nevera *f.* refrigerator
ni not even
nieva it is snowing
niño(-a) child
no no; not
noche *f.* night; **buenas noches** good evening, good night; **esta noche** tonight; **todas las noches** every night

normal normal
norteamericano, -a American, U.S. citizen
nosotros we
nota *f.* note; mark, grade
noventa ninety
noviembre November
nube *f.* cloud
nuestro (-a) our
nueve nine
nuevo, -a new
número *m.* number; **número de teléfono** telephone number
nunca never

O

o or
obra *f.* work
octubre October
ochenta eighty
ocho eight
oficina *f.* office
ofrecer to offer
ojo *m.* eye; **ojos pardos** brown eyes
once eleven
opinión *f.* opinion
oportunidad *f.* opportunity
ordinario, -a ordinary, common
oreja *f.* ear
otoño *m.* autumn, fall
otro other, another

P

paciente *m. & f.* patient
padre *m.* father; **padres** parents
pagar to pay
pago *m.* payment
país *m.* country
pájaro *m.* bird
palabra *f.* word
palmera *f.* palm tree
pan *m.* bread; **pan tostado** toast
panadería *f.* bakery
pantalones *m. pl.* pants, trousers
papa *f.* potato; **papas fritas** french fries
papá *m.* papa, dad(dy)

papel *m.* paper
paquete *m.* package
par *m.* pair
para for; to, in order to
parada *f.* stop; **parada de autobús** bus stop
Paraguay *m.* Paraguay
paraguayo, -a Paraguayan
pared *f.* wall
parque *m.* park; **parque de atracciones** amusement park
partido *m.* game, match
pasar to spend; to pass; to happen; **¿qué te pasa?** what's the matter with you?
Pascua Florida *f.* Easter
pastel *m.* pie
pato *m.* duck
paz *f.* peace
P.D. P.S.
pedazo *m.* piece
pedir to order; to ask
película *f.* film, movie
pelo *m.* hair
pelota *f.* ball
pequeño, -a small
pera *f.* pear
perdido, -a lost
perfecto, -a perfect
periódico *m.* newspaper
pero but
perrito *m.* puppy
perro(-a) dog
personas *f. pl.* people
Perú *m.* Peru
peruano, -a Peruvian
pez *m.* fish *(live)*
piano *m.* piano
pie *m.* foot; **ir a pie** to walk
pierna *f.* leg
pimienta *f.* pepper *(spice)*
pintura *f.* painting
piña *f.* pineapple
piscina *f.* swimming pool
pistola *f.* pistol, handgun
pizarra *f.* blackboard, chalkboard
planta *f.* plant
plato *m.* plate; dish; **la lista de platos** menu

playa *f.* beach
plaza *f.* square, plaza
pluma *f.* pen
pobre poor
pobrecíto, -a poor little thing
poco, -a little *(in quantity)*; **un poco de agua** a little water;
pocos few
policía *m. & f.* police officer
pollo *m.* chicken
poner to put; **poner un huevo** to lay an egg
popular popular
por by, through, *(in exchange)* for; "times" (×); **dividido por** divided by; **3 días por semana** 3 days a *(per)* week; **por ciento** percent; **por ejemplo** for example; **por eso** for that reason; **por favor** please; **¿por qué?** why?; **por supuesto** of course
porque because
Portugal Portugal
portugués *m. (f. **portuguesa**)* Portuguese
postre *m.* dessert
prácticamente practically
practicar to practice
precio *m.* price; **a precios bajos** at low prices
pregunta *f.* question
preguntar to ask
preparar to prepare
presidente(-a) president
primo(-a) cousin
primavera *f.* springtime
primer, primero, -a first
probable probable, likely
producto lácteo *m.* dairy product
profesor(-a) teacher
programa *m.* program
pronto soon
propósito *m.* purpose; **a propósito** by the way
pudín *m.* pudding
puedo: ¿en qué puedo servirle(s)? what can I do for you?

puerco *m.* pork; pig
puerta *f.* door; **la puerta está abierta** the door is open; **la puerta está cerrada** the door is closed
Puerto Rico Puerto Rico
puertorriqueño(-a) Puerto Rican
pues well, then
puesto *m.* post, stand; **puesto de periódicos** newsstand
puré de papas *m.* mashed potatoes

Q

que that; than; **más que** more than; **¿qué?** what? which?; **¿qué más?** what else?; **¿qué tal?** how's everything?; **¡qué trabajo!** what a job!
querer to want
queso *m.* cheese
¿quién? ¿quiénes? who?
química *f.* chemistry
quince fifteen
quizás maybe, perhaps

R

radio *f.* radio
rápido, -a fast, rapid
ratón *m.* mouse
recibir to receive
recomendar to recommend
reconocer to recognize
refresco *m.* refreshment, soda
regalo *m.* gift, present
región *f.* region
regla *f.* ruler; rule
regresar to return, go back
regular so-so
reloj *m.* clock; wristwatch
reparar to repair, fix
requisito *m.* requirement
resfriado *m.* cold; **tener un resfriado** to have a cold
responder to respond, answer, reply
respuesta *f.* answer
restaurante *m.* restaurant
reunión reunion, gathering

revista *f.* magazine
rico, -a rich
rojo red
romántico, -a romantic
ropa *f.* clothes, clothing
rosa *f.* rose
rosado pink
rosbif *m.* roastbeef
rubio, -a blond
ruido *m.* noise
Rusia Russia
ruso, -a Russian

S

sábado *m.* Saturday
saber to know; to know how
¿sabes nadar? do you know how to swim?
sal *f.* salt
sala *f.* living room
salchicha *f.* sausage, frankfurter
salir to leave, go out; **salir de la casa** to leave the house
salsa *f.* sauce
salud *f.* health; cheers
saludar to greet
salvaje wild, savage
sandwich *m.* sándwich
secretario(-a) secretary
segundo, -a second
seis six
selección *f.* selection
semana *f.* week
semanal weekly
sentado, -a seated
sentir: lo siento I'm sorry
señora *f.* woman; Mrs.
señorita *f.* young woman; Miss
septiembre September
ser to be; *m.* being
serio, -a serious
serpentina *f.* paper streamer
servilleta *f.* napkin
servir to serve; **¿en qué puedo servirle(s)?** what can I do for you?; **para servirle** at your service
sesenta sixty
setenta seventy

si if; **sí** yes
siempre always
siete seven
siguiente next, following
silla *f.* chair
sillón *m.* easy chair, armchair
simpático, -a nice
sin without
sobre on, on top of; about, regarding
sociable sociable
sofá *m.* sofa
sol *m.* sun; **hace sol, hay sol** it's sunny
solamente only
solo, -a alone; **sólo** only
sombrero *m.* hat
sopa *f.* soup; **sopa de legumbres** vegetable soup
sorprendido, -a surprised
sótano *m.* basement
su, sus your, his, her, their
subir to go up; to climb
sucio, -a dirty
Sudamérica South America
suelo *m.* ground, floor
suerte *f.* luck; **¡buena suerte!** good luck!
suéter *m.* sweater
suficiente enough
sufrir to suffer
Suiza Switzerland
suizo, -a Swiss
supermercado *m.* supermarket
suya, suyo his, hers, its, theirs, yours *(formal)*

T

también also, too
tanto so much
tarde late; **más tarde** later
tarde *f.* afternoon; **buenas tardes** good afternoon; **de la tarde** P.M., in the afternoon
tarea *f.* task, homework assignment
tarjeta *f.* card
taxi *m.* taxi, cab
taza *f.* cup; **taza de café** cup of coffee

té *m.* tea
teatro *m.* theater
techo *m.* ceiling; roof
tecnología *f.* technology
teléfono *m.* telephone
televisión *f.* television; **mirar la televisión** to watch television
televisor *m.* TV set
tendero(-a) storekeeper, grocer
tenedor *m.* fork
tener to have; **tener... años** to be ... years old; **tener calor** to be (= *feel*) warm, hot; **tener frío** to be (= *feel*) cold; **tener hambre** to be hungry; **tener razón** to be right; **no tener razón** to be wrong; **tener sed** to be thirsty; **tener sueño** to be sleepy; **tener suerte** to be lucky; **tener que** + *infinitive* to have to: **tengo que ir** I have to go; **tener ganas de** to feel like doing something
tenis *m.* tennis
terminal de autobuses *f.* bus terminal
termo *m.* thermos
terrible terrible
tía *f.* aunt
tiempo *m.* time; weather; **¿qué tiempo hace?** how's the weather?; **hace buen (mal) tiempo** the weather is nice (bad); **los tiempos pasados** the old days
tienda *f.* store; **tienda de comestibles** grocery store
tigre *m.* tiger
tímido, -a shy
tío *m.* uncle
tiza *f.* (*piece of*) chalk
toalla *f.* towel
tocino *m.* bacon
todavía yet
todo everything; **todos** all (*of them*); **todo el día** all day; **todo el mundo** everybody; **todos los días** every day
tomar to take

tomate *m.* tomato
tonto, -aw foolish, silly
toro *m.* bull
torta *f.* cake
tostada *f.* toast; **tostada con mantequilla** buttered toast
trabajar to work; **trabajar mucho** to work hard
trabajo *m.* work
traje *m.* suit; dress; **traje de baño** bathing suit, swimsuit
tránsito *m.* traffic
transporte *m.* transportation
trece thirteen
treinta thirty
tren *m.* train
tres three
triste sad
tropical tropical
truco *m.* trick
tú you *(familiar)*; **tu, tus** your *(familiar)*
turista *m. & f.* tourist
tuyo yours

U

último, -a last; **de última moda** the latest fashion
universidad *f.* university; college
un, una a, one; **uno** *(number)* one; **unos** some, a few
Uruguay *m.* Uruguay
uruguayo, -a Uruguayan

usar to use
usted (Ud.) you *(formal singular)*; **ustedes (Uds.)** you *(plural)*
útil useful
uva *f.* grape

V

vaca *f.* cow; **carne de vaca** beef
vacaciones *f. pl.* vacation
valer to be worth
¡vamos!, ¡vámonos! let's go!
vaqueros *m. pl.* jeans
variedad *f.* variety
vaso *m. (drinking)* glass
vegetales *m.* vegetables
veinte twenty
vendedor *m.* salesman, seller
vender to sell
venta *f.* sale
ventana *f.* window
ver to see
verano *m.* summertime
verdad *f.* truth; **es verdad** it's true; **¿verdad?** isn't it so?
verde green
verduras *f. pl.* vegetables, greens *(used only in the plural)*
vestido *m.* dress
vez *f. (pl. veces)* time; **segunda vez** second time; **a veces** sometimes

viajar to travel
viaje *m.* trip, journey, voyage; **agente de viajes** travel agent; **¡buen viaje!** have a pleasant trip!
vida *f.* life
videojuego *m.* videogame
viejo, -a old
viento *m.* wind; **hace viento** it's windy
viernes *m.* Friday
vino *m.* wine
visitar to visit
víspera *f.* eve; **New Year's Eve**, vispera de Año Nuevo
vivir to live
vocabulario *m.* vocabulary

Y

yogur *m.* yogurt
y and; plus
yo I

Z

zanahoria *f.* carrot
zapatería *f.* shoe store; shoemaker's shop
zapato *m.* shoe
zoológico (parque zoológico, jardín zoológico) *m.* zoo
zorro *m.* fox

English-Spanish Vocabulary

A

a un *m*., una *f*.
above encima de, sobre
actor actor *m*.
actress actriz *f*.
adorable adorable
afternoon tarde *f*.; **good afternoon** buenas tardes
air aire *m*.
airplane avión *m*.
airport aeropuerto *m*.
algebra álgebra *f*.
alone solo
also también
ambulance ambulancia *f*.
American americano, -a, norteamericano, -a
among entre
and y
animal animal *m*.
another otro
answer contestar, responder; respuesta *f*.
apartment apartamento *m*.; **apartment building** edificio de apartamentos *m*.
apple manzana *f*.
April abril
Argentina Argentina
Argentinian argentino, -a
arm brazo *m*.
armchair sillón *m*.
around alrededor (de)
art arte *m*.
artificial artificial
artist artista *m. & f*.
ask preguntar
at a; **at home** en casa; **at one o'clock** a la una; **at two o'clock** a las dos; **at what time?** ¿a qué hora?
attorney abogado(-a)
August agosto

aunt tía *f*.
automobile automóvil *m*.
autumn otoño m.

B

baby nene(-a), bebé *m. & f*.
backpack mochila *f*.
bacon tocino *m*.
bad mal
bakery panadería *f*.
banana banana *f*.
bank banco *m*.
base base *f*.
baseball béisbol *m*.
basket cesta *f*.
bath baño *m*.
bathing suit traje de baño *m*.
bathroom cuarto de baño *m*.
be ser, estar; **be cold** estar frío (*= feel cold*) tener frío; (*weather*) hacer frío; **be warm** estar caliente; (*= feel warm*) tener calor; (*weather*) hacer calor; **be hungry** tener hambre; **be thirsty** tener sed; **be …years old** tener… años: **I am ten years old** tengo diez años
beach playa *f*.
beans frijoles *m. pl*.
bear oso *m*.
because porque
bed cama
bedroom dormitorio *m*.
behind detrás (de)
believe creer
below debajo
belt cinturón *m*.
bench banco *m*.
beside al lado de
between entre
bicycle bicicleta *f*.
big grande
biology biología *f*.

bird pájaro *m*.
birthday cumpleaños *m*.
black negro
blackboard pizarra *f*.
blanket manta *f*.
blouse blusa *f*.
blue azul
book libro *m*.
bookstore librería *f*.
bottle botella *f*.
boy muchacho *m*., chico *m*.
Brazil Brasil *m*.
Brazilian brasileño, -a
bread pan *m*.
breakfast desayuno *m*.; have **breakfast** comer el desayuno, desayunar
breeze brisa *f*.
brother hermano *m*. **brother(s) and sister(s)** hermanos *m. pl*.
brown marrón, pardo, castaño, café; **brown eyes** ojos pardos
building edificio *m*.; **apartment building** edificio de apartamentos
bull toro *m*.
bus autobús *m*.; **bus terminal** terminal de autobuses *f*.
butcher shop carnicería *f*.
butter mantequilla *f*.
buy comprar
by por

C

cab taxi *m*.
café café *m*.
calculus cálculo *m*.
calendar calendario *m*.
call llamar
Canada Canadá *m*.
Canadian canadiense *m. & f*.
candy dulce *m*.; dulces *m. pl*.

cap gorra *f.*
car auto *m.*, coche *m.*
carrot zanahoria *f.*
cat gato *m.*
cent centavo *m.*
cereal cereal *m.*
chair silla *f.*
chalk: piece of chalk tiza *f.*
chalkboard pizarra *f.*
cheese queso *m.*
chemistry química *f.*
cherry cereza *f.*
chicken pollo *m.*
child niño(-a)
children niños *m. pl.*
chilly: it is chilly hace fresco
Chinese chino, -a
chocolate chocolate *m.*;
    chocolate ice cream helado
    de chocolate *m.*
Christmas Navidad *f.*;
    Christmas Eve
    Nochebuena *f.*
church iglesia *f.*
cigarette cigarrillo *m.*
circus circo *m.*
city ciudad *f.*
class clase *f.*; **in class** en la
    clase
climb subir
clock reloj *m.*
closed: the door is closed la
    puerta está cerrada
clothing, clothes ropa *f.*
cloud nube *f.*
coffee café *m.*
cold frío; **be cold** estar
    frío; **feel cold** tener frío;
    (weather) hacer frío; **have a
    cold** tener un resfriado
college universidad *f.*
color color *m.*
Columbus Day Día de la Raza
come into entrar en
computer computadora *f.*
concert concierto *m.*
cool fresco; **it's cool** *(weather)*
    hace fresco
cost precio *m.*

country *(nation)* país *m.*; *(rural
    area)* campo *m.*
cousin primo(-a)
cover cubrir
cow vaca *f.*
crazy loco, -a
cream crema *f.*
cup taza *f.*; **cup of coffee** taza
    de café

D

dairy lechería *f.*
dance bailar; baile *m.*
daughter hija *f.*
day día *m.*
December diciembre
delicious delicioso, -a
dentist dentista *m. & f.*
describe describir
desk escritorio *m.*
dessert postre *m.*
dictionary diccionario *m.*
difficult difícil
dining room comedor *m.*
dinner cena *f.*; comida *f.*
disco, discotheque discoteca *f.*
dish plato *m.*
divide dividir; **divided by**
    dividido por
do hacer; **do the homework**
    hacer la(s) tarea(s)
doctor doctor(-a); médico(-a)
dog perro *m.*
dollar dólar *m.*
Dominican dominicano, -a;
    Dominican Republic
    República Dominicana *f.*
donkey burro *m.*
door puerta *f.*; **the door is
    open (closed)** la puerta está
    abierta (cerrada)
dress vestido *m.*
drink beber; bebida *f.*
duck pato *m.*
during durante

E

ear oreja *f.*
earn ganar

Easter Pascua Florida *f.*
easy fácil
easy chair sillón *m.*
eat comer
Ecuador Ecuador *m.*
Ecuadorian ecuatoriano, -a
egg huevo *m.*; **fried eggs**
    huevos fritos; **hard-boiled
    eggs** huevos duros
eight ocho **eighteen**
    dieciocho
eighty ochenta
elephant elefante *m.*
eleven once
e-mail correo electrónico *m.*
emergency emergencia *f.*
end fin *m.*
England Inglaterra
English inglés *m.*, *(f. inglesa)*
enter entrar
everybody todo el mundo
eye ojo *m.*

F

face cara *f.*
facing frente a
factory fábrica *f.*
fall otoño *m.*
family familia *f.*
famous famoso, -a, célebre
far *(from)* lejos (de)
farm finca *f.*
fast rápido, -a
fat gordo, -a
father padre *m.*
favorite favorito, -a
February febrero
fever fiebre *f.*
fifteen quince
fifty cincuenta
finger dedo *m.*
fireman bombero *m.*
first primer, primero, -a
fish pez *m. (live)*; pescado *m.*
    (caught)
five cinco
flag bandera *f.*
flatware *(knives, forks, spoons)*
    cubiertos *m. pl.*

floor suelo; *m.* **on the floor** en el suelo
flower flor *f.*
food comida *f.*
foot pie *m.*
fork tenedor *m.*
forty cuarenta
four cuatro **fourteen** catorce, **Fourth of July** Cuatro de Julio *m.*, Día de la Independencia *m.*
fox zorro *m.*
France Francia *f.*
French francés *m.*, (*f.* francesa)
french fries papas fritas *f. pl.*
Friday viernes *m.*
friend amigo(-a)
from de
front: in front of delante de
fruit fruta *f.*

G

garage garage *m.*
garden jardín *m.*
geometry geometría *f.*
German alemán *m.*, (*f.* alemana)
Germany Alemania
girl muchacha *f.*, chica *f.*
give dar
glass vaso *m.*; **glass of milk** vaso de leche
glove guante *m.*
go ir; **go in(to)** entrar en; **be going to** (*do something*) ir a + inf.: **I'm going to read** voy a leer; **go up** subir
good bueno; **good morning** buenos días; **good afternoon** buenas tardes; **good evening** (or **good night**) buenas noches; **good-bye** adiós
grandfather abuelo *m.*
grandmother abuela *f.*
grandparents abuelos *m. pl.*
grape uva *f.*
grocer tendero(-a)
grocery tienda de comestibles *f.*

green verde
ground suelo *m.*

H

hair pelo *m.*
Haiti Haití
Haitian haitiano, -a
Halloween Noche de Brujas *f.*
ham jamón *m.*
hamburger hamburguesa *f.*
hand mano *f.*
handicraft trabajos manuales *m. pl.*
handsome guapo
happy: be happy estar contento, estar alegre, ser feliz
hard difícil; **work hard** trabajar mucho
hat sombrero *m.*
have tener; **have lunch** comer el almuerzo; **have to** tener que + inf.: **I have to leave** tengo que salir
he él
head cabeza *f.*
heart corazón *m.*
hello hola
help ayudar
hen gallina *f.*
her su, sus, de ella
here aquí
his su, sus, de él
history historia *f.*
hog cochino *m.*
holiday día de fiesta *m.*, feriado *m.*
home: be (at) home estar en casa
horrible horrible
horse caballo *m.*
hospital hospital *m.*
hot (muy) caliente; **be hot** estar caliente; (= **to feel hot**) tener mucho calor; **(weather)** hacer mucho calor
hotel hotel *m.*
house casa *f.*

how? ¿cómo?; **how are you?** ¿cómo está usted?; **how much?** ¿cuánto?; **how many?** ¿cuántos?
hundred cien, ciento; **a hundred dollars** cien dólares; **one hundred fifty dollars** ciento cincuenta dólares
hunger hambre *f.*
hungry: be hungry tener hambre
husband esposo *m.*

I

I yo
ice cream helado *m.*
if si
important importante
in en
intelligent inteligente
island isla *f.*
it (*subject*) él; ella; **I like it** me gusta
Italian italiano, -a
Italy Italia

J

jacket chaqueta *f.*
January enero
Japan Japón *m.*
Japanese japonés *m.*, (*f.* japonesa)
jeans vaqueros *m. pl.*
juice jugo *m.*; **orange juice** jugo de naranja
July julio; **Fourth of July** Cuatro de Julio
June junio

K

kitchen cocina *f.*
kitten gatito *m.*
knife cuchillo *m.*
know saber; **know how** saber + inf.: **she knows how to swim** ella sabe nadar

L

lake lago *m.*
lamp lámpara *f.*
large grande
last último
lawyer abogado(-a)
leaf hoja *f.*
learn aprender
leave salir; **leave school** salir de la escuela
leg pierna *f.*
lemon limón *m.*
lesson lección *f.*
letter carta *f.*; **letter carrier** cartero(-a)
lettuce lechuga *f.*
library biblioteca *f.*
life vida *f.*
like: I like the book me gusta el libro; **do you like the photos?** ¿te gustan las fotos?
lion león *m.*
lip labio *m.*
listen (to) escuchar
little *(in size)* pequeño, -a; *(in quantity)* poco, -a
live vivir
living room sala *f.*
long largo, -a
look (at) mirar
look for buscar
lot: a lot (of) mucho; **lots of** muchos
lunch almuerzo *m.*; **have lunch** comer el almuerzo, almorzar

M

magazine revista *f.*
mailman cartero *m.*
mall centro comercial *m.*
man hombre *m.*
map mapa *m.*
March marzo
market mercado *m.*
mashed potatoes puré de papas *m.*
mathematics matemáticas *f. pl.*

matter: it doesn't matter no importa
May mayo
maybe quizás
mayonnaise mayonesa *f.*
me me
meal comida *f.*
meat carne *f.*
medicine medicina *f.*
menu lista de platos *f.*; carta *f.*
message mensaje *m.*; **text message** mensaje de texto *m.*
Mexico México
Mexican mexicano, -a
midnight medianoche *f.*
milk leche *f.*
minus menos
Miss señorita *f.*
modern moderno
Monday lunes *m.*
money dinero *m.*
monkey mono *m.*
month mes *m.*
moon luna *f.*
morning mañana *f.*; **good morning** buenos días
mosquito mosquito *m.*
mother madre *f.*
motor motor *m.*
motorcycle motocicleta
mouse ratón *m.*
mouth boca *f.*
movie película *f.*; **go to the movies** ir al cine; **movie theater** cine *m.*
Mr. señor *m.*
Mrs. señora *f.*
music música *f.*; **listen to the music** escuchar la música
mustard mostaza *f.*
my mi, mis

N

name nombre *m.*; **what's your name?** *(familiar)* ¿cómo te llamas?, *(formal)* ¿cómo se llama Ud.?; **my name is Mary** (yo) me llamo María; **what's his (her) name?**

¿cómo se llama él (ella)?; **his (her) name is . . .** se llama. . .; **their names are . . .** se llaman...
napkin servilleta *f.*
natural natural
near cerca (de)
neck cuello *m.*
necktie corbata *f.*
new nuevo; **New Year's Day** Año Nuevo *m.*; **New Year's Eve** Víspera de Año Nuevo *f.*
newspaper periódico *m.*
next próximo, -a; **next to** al lado de
nice buen, bueno, -a; **(person)** amable, simpático, -a
night noche *f.*; **good night** buenas noches
nine nueve
nineteen diecinueve
ninety noventa
noon mediodía *m.*
nose nariz *f.*
note nota *f.*
notebook cuaderno *m.*
nothing nada
November noviembre
now ahora
number número *m.*; **telephone number** número de teléfono
nurse enfermero(-a)

O

ocean mar *m.*
o'clock: at one o'clock a la una; **at two o'clock (three o'clock, etc.)** a las dos (las tres, etc.); **it's one o'clock** es la una; **it's two o'clock (three o'clock, etc.)** son las dos (las tres, etc.)
October octubre
of de
offer ofrecer
office oficina *f.*
old viejo, -a; **how old are you?** ¿cuántos años tiene Ud.?; **I**

am fifteen years old tengo quince años
on en, sobre; **on top of** sobre, encima de
one uno **one hundred** cien, ciento; **one hundred dollars** cien dólares; **one hundred fifty dollars** ciento cincuenta dólares
only sólo
open abrir; **the door is open** la puerta está abierta
opposite frente a
or o
orange naranja *f.; (color)* anaranjado; **orange juice** jugo de naranja *m.*
orangeade naranjada
ordinary ordinario, -a
other otro, -a
our nuestro, -a

P

palm tree palmera *f.*
pants pantalones *m. pl.*
paper papel *m.*
Paraguay Paraguay *m.*
Paraguayan paraguayo, -a
parents padres *m. pl.*
park parque *m.*
party fiesta *f.*
pass pasar
Patrick: St. Patrick's Day el Día de San Patricio
peace paz *f.*
pear pera *f.*
pen pluma *f.*
pencil lápiz *m.;* lápices *pl.*
people gente *f.*
pepper pimienta *f.*
Peru Perú *m.*
Peruvian peruano, -a
physical education educación física *f.*
physician médico(-a)
physics física *f.*
piano piano *m.*
pig cochino *m.*
pineapple piña *f.*
plant planta *f.*

plate plato *m.*
plaza plaza *f.*
please por favor
plus y
policeman policía *m.* **police officer** policía *m. & f.*
poor pobre
popular popular
pork puerco *m.*, cerdo *m.*
Portugal Portugal
Portuguese portugués *m.,* *(f.* portuguésa)
post office correo *m.*
potato papa *f.*, patata *f.*
practice practicar
pretty bonito, -a
price precio *m.*
probable probable
pudding pudín *m.*
Puerto Rico Puerto Rico **Puerto Rican** puertorriqueño, -a
puppy perrito

Q

question pregunta *f.;* **ask a question** hacer una pregunta

R

rabbit conejo *m.*
radio radio *f.;* **listen to the radio** escuchar la radio
rain llover; **it's raining** llueve
read leer
receive recibir
red rojo
restaurant restaurante *m.*
rice arroz *m.;* **rice and beans** arroz con frijoles *m.*
rich rico, -a
ride ir en coche
rise levantarse; **I rise (get up)** yo me levanto
roastbeef rosbif *m.;* **roastbeef sandwich** sándwich de rosbif *m.*
romantic romántico, -a
room cuarto *m.;* **bathroom** cuarto de baño; **bedroom**

dormitorio *m.;* **dining room** comedor *m.;* **living room** sala *f.*
rose rosa *f.*
ruler regla *f.*
run correr
Russia Rusia
Russian ruso, -a

S

sad triste
salad ensalada *f.;* **potato salad** ensalada de papas
salt sal *f.*
sandwich sándwich *m.;* **ham and cheese sandwich** sándwich de jamón y queso
Saturday sábado *m.*
sausage salchicha *f.*
say decir
scare asustar
school escuela *f.;* **in school** en la escuela; **there's no school today** no hay clases hoy
science ciencias *pl.*
sea mar *m.*
season estación
seated sentado, -a
second segundo, -a
secretary secretario(-a)
see ver; **I'll be seeing you, see you later** hasta la vista; **see you tomorrow** hasta mañana
sell vender
September septiembre
seven siete
seventeen diecisiete
seventy setenta
she ella
shirt camisa *f.*
shoe zapato *m.* **shoe store** zapatería *f.*
shopping center centro comercial *m.*
shorts pantalones cortos *m. pl.*
sick enfermo
sing cantar
sister hermana *f.*

six seis
sixteen dieciséis
sixty sesenta
skinny flaco, -a
skirt falda *f.*
sky cielo *m.*
small pequeño, -a
snow nevar; **it's snowing** nieva
soccer fútbol *m.*
sociable sociable
social studies ciencias sociales *f. pl.*
sock calcetín *m.*
soda gaseosa *f.*, soda *f.*, refresco *m.*
sofa sofá *m.*
something algo
son hijo *m.*
soon pronto
soup sopa *f.*
Spain España
Spanish español, -a
Spaniard español, -a
speak hablar
spend *(time)* pasar; *(money)* gastar
spoon, tablespoon cuchara *f.*; **teaspoon** cucharita *f.*
sport deporte *m.*
spring primavera *f.*
stadium estadio *m.*
star estrella *f.*
station estación *f.*; **train station** estación de trenes
steak bistec *m.*
stereo estéreo *m.*
stocking media *f.*
stomach estómago *m.*
stop parada *f.*; **bus stop** parada de autobuses
store tienda *f.*
street calle *f.*
student alumno(-a); estudiante *m. & f.*
studious estudioso, -a
study estudiar
suffer sufrir
sugar azúcar *m.*

suit traje *m.*; **bathing suit, swimsuit** traje de baño
summer verano *m.*
sun sol *m.*
Sunday domingo *m.*
sunny; it's sunny hace sol, hay sol
supermarket supermercado *m.*
supper cena *f.*; **have supper** comer la cena
sweater suéter *m.*
sweet dulce; **sweets** dulces *m. pl.*
swim nadar **swimsuit** traje de baño *m.*
Switzerland Suiza

T

table mesa *f.*
take tomar
talk hablar
tall alto, -a
taxi taxi *m.*
tea té *m.*
teacher *(elementary school)* maestro(-a); *(high school)* profesor(-a)
technology tecnología *f.*
telephone teléfono *m.*
television televisión *f.*; **television set** televisor *m.*; **watch television** mirar la televisión
tell decir
ten diez
tennis tenis
terminal terminal *f.*; **bus terminal** terminal de autobuses
terrible terrible
thanks, thank you gracias; **thank you very much** muchas gracias; **Thanksgiving Day** Día de Acción de Gracias *m.*
the el; la
theater teatro *m.*
their su, sus, de ellos, de ellas
there allí; **there is, there are** hay

thermos termo *m.*
they ellos, ellas
thin flaco, -a
thing cosa *f.*
think pensar; creer
thirsty: be thirsty tener sed
thirteen trece
thirty treinta
three tres
through por
Thursday jueves *m.*
tie corbata *f.*
tiger tigre *m.*
time vez *f. (pl.* veces); *(clocktime)* hora *f.*: **at what time?** ¿a qué hora?; **what time is it?** ¿qué hora es?; **times (×)** por
tired: be tired estar cansado
to a
toast tostada *f.*; **buttered toast** tostada con mantequilla
today hoy
tomato tomate *m.*
tongue lengua *f.*
tooth diente *m.*
top: on top (of) sobre, encima (de)
train tren *m.*
travel agency agencia de viajes *f.*
tree árbol *m.*
tropical tropical
trousers pantalones *m. pl.*
T-shirt camiseta *f.*
Tuesday martes *m.*
tuna fish atún *m.*
twelve doce
twenty veinte
two dos

U

ugly feo, -a
uncle tío *m.*
under debajo de
understand comprender
United States Estados Unidos *m. pl.*
university universidad

Uruguay Uruguay
Uruguayan uruguayo, -a
use usar

V

vanilla vainilla *f.*; **vanilla ice cream** helado de vainilla *m.*
vegetable legumbre *f.*; *(plural only)* verduras *f. pl.*
very muy; **the water is very warm** el agua está muy caliente; **I am very warm** tengo mucho calor; **it's very warm today** hoy hace mucho calor
visit visitar

W

waiter camarero *m.*; **waitress** camarera *f.*
walk ir a pie, andar
want desear, querer
warm caliente; **the water is warm** el agua está caliente; **I am warm** tengo calor; **it's warm today** hoy hace calor
watch mirar
water agua *f.*

we nosotros
weather tiempo *m.*; **how's the weather?** ¿qué tiempo hace?; **the weather is bad** hace mal tiempo; **the weather is nice** hace buen tiempo
Wednesday miércoles *m.*
week semana *f.*
welcome: you're welcome de nada
what? ¿qué?; **at what time?** ¿a qué hora?; **what's your name?** ¿cómo se llama Ud.?
when cuando; **when?** ¿cuándo?
where donde; **where?** ¿dónde?
which? ¿cuál? ¿cuáles?
white blanco
who quién; **who?** ¿quién?, ¿quiénes?
why? ¿por qué?
wife esposa *f.*
win ganar
wind viento *m.*
window ventana *f.*
windy: it is windy hace viento
wine vino *m.*

winter invierno *m.*
wish desear, querer
with con
wolf lobo *m.*
woman mujer *f.*; señora *f.*; **young woman** señorita *f.*
word palabra *f.*
work trabajo *m.*; **work hard** trabajar mucho
world mundo *m.*
write escribir

Y

year año *m.*; **New Year's Day** Año Nuevo; **New Year's Eve** Víspera de Año Nuevo *f.*
yellow amarillo
yes sí
yogurt yogur *m.*
you tú, usted (Ud.), ustedes (Uds.)
young joven (*pl.* jóvenes)
your tu, tus, su, sus, de Ud., de Uds.

Z

zoo (parque) zoológico *m.*

Grammatical Index

Topical Index